진짜 뉴스를 찾아라

진짜 뉴스를 찾아라

2023년 1월 26일 초판 1쇄 발행
2025년 8월 25일 초판 4쇄 발행

글	김경옥
그림	주성희
책임편집	신혜연
디자인	박정화, 김다솜
마케팅	김선민
관리	장수댁
인쇄	정우피앤피
제책	바다제책
펴낸이	김완중
펴낸곳	내일을여는책
출판등록	1993년 01월 06일(등록번호 제475-9301)
주소	전라북도 장수군 장수읍 송학로 93-9
전화	063) 353-2289
팩스	0303) 3440-2289
전자우편	wan-doll@hanmail.net
블로그	blog.naver.com/dddoll
ISBN	978-89-7746-992-1 73810

ⓒ 김경옥·주성희, 2023

* 이 책의 내용은 저작권법의 보호를 받는 저작물이므로 무단전재와 복제를 금합니다.
* 잘못 만들어진 책은 구입처에서 바꿔 드립니다.
* 책값은 뒤표지에 있습니다.
* 이 도서는 한국출판문화산업진흥원의 '2022년 중소출판사 출판콘텐츠 창작 지원 사업'의 일환으로 국민체육진흥기금을 지원받아 제작되었습니다.

어린이제품안전특별법에 의한 제품표시
제조자명 내일을여는책 **제조국명** 대한민국 **사용연령** 만 8세 이상 어린이 제품

진짜 뉴스를 찾아라

김경옥 글 | 주성희 그림

내일을여는책

차례

01 ▶ 괴생명체 사건		8
02 ▶ 마대기 뉴스		18
03 ▶ 초록색 진실 노트		30
04 ▶ 천마 신문의 어린이 기자 공모		39
05 ▶ 검은 선 캡 아줌마		48
06 ▶ 꽃비의 뉴스		63
07 ▶ 꽃순이 유기견 쉼터		72
08 ▶ 꽃비와 마대기의 뉴스 전쟁		81

09 ▶ 무조건 미담, 무조건 악담	88
10 ▶ 진실 노트의 팩트 폭격	100
11 ▶ 비밀이 벗겨지다	106
12 ▶ 진실의 입 담장	114
13 ▶ 진짜 뉴스 챌린지	120
14 ▶ 상식적인 뉴스의 반전 카드	128
작가의 말	142

01
괴생명체 사건

내가 학교에 막 도착했을 때 상수는 손을 움켜쥔 채 겁에 질려 있었다. 곁에는 대기가 있었고 교실에는 두 사람뿐이었다. 내가 물었다.

"무슨 일이니?"

상수 대신 대기가 대답을 했다.

"괴생명체한테 손을 물렸어!"

"뭐라고? 괴생명체라니. 너 지금 장난하냐?"

그러나 대기는 그 어느 때보다 진지했다.

"장난 아니야. 진짜야. 우리 교실에 괴생명체가 살고 있다고

내가 지난번에 뉴스로 전한 적 있지?"

대기는 '마대기의 뉴스'라는 개인 방송을 하고 있는데 2주 전에 믿어지지 않는 뉴스가 올라왔다. 일찍 등교하여 교실에 혼자 있었는데, 그때 복도에서 괴생명체를 보았다는 황당한 뉴스였다.

정체를 알 수 없는 괴생명체 소식에 대해 아이들은 다들 가짜 뉴스라고 했다.

"오늘 드디어 그 뉴스가 거짓 아닌 사실이란 게 밝혀졌어. 상수가 그 피해자고 나는 곁에서 목격했으니까."

대기의 쌍꺼풀진 눈이 더욱 커다래지면서 시커먼 눈썹은 가운데로 쏠렸다. 심각할 때 나오는 표정이다. 나는 믿을 수 없어 교실을 둘러보았다.

"우리 교실이 가상의 세계도 아니고 느닷없이 괴생명체라니. 도대체 괴생명체는 어디로 들어와서 어디로 나갔는데?"

대기는 손가락으로 교실 뒤쪽을 가리켰다.

"저쪽에서 느닷없이 나타나 사물함 뒤 틈새로 도망가 버렸어. 기막히게 빠른 속도로."

대기와 상수는 붙어다니는 사이다. 오늘 아침 제일 먼저 빈 교실로 들어온 두 사람은 무언가 빠르게 지나가는 것을 봤다고 했다. 깜짝 놀라 쫓아가니 몸뚱이가 길고 가느다란 동물이 펄쩍 뛰어올라 상수를 공격했다는 것이다. 상수는 여전히 울먹이며 부들부들 떨고 있었다.

"내 손을 공격하고는 사물함 뒤로 달아나 버렸어."

상수는 괴생명체에게 물렸다고는 하나 별다른 상처는 없어 보였다. 아마도 괴생명체의 주둥이에 상수 손이 살짝 닿은 것 같았고 그 바람에 소스라치게 놀란 것 같았다.

"몸이 얼마나 날렵하던지. 내가 급히 사진을 찍긴 했는데."

대기가 자신의 핸드폰을 뒤적거렸다.

"생긴 거 봤으면 어떤 동물인지 알 거 아냐?"

내 물음에 대기가 고개를 갸웃거렸다.

"잘 모르겠어. 족제비나 오소리? 어쩌면 너구리일지도 모르겠어."

"너구리는 아니야."

상수가 확신에 찬 듯 소리쳤다.

"족제비 같았어. 주둥이가 뾰족하고 꼬리가 길었거든. 너구리는 얼굴이 넓적해."

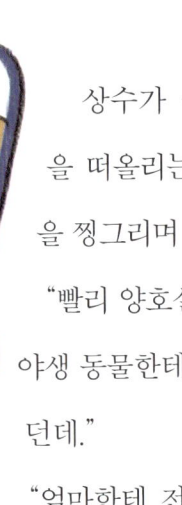

상수가 공포스러운 기억을 떠올리는 게 싫은지 얼굴을 찡그리며 몸을 떨었다.

"빨리 양호실 가 봐. 야생 동물한테 물리면 위험하다던데."

"엄마한테 전화했어. 병원가야 한다며 곧 오신댔어."

상수가 울먹이는 동안 대기는 자신이 찍은 사진을 보여주었다. 누런빛 긴 꼬리가 있는 괴생명체인데 사물함 뒤쪽 틈 사이로 들어가는 찰나에 찍힌 사진이었다. 우리는 인터넷에서 족제비를 찾아 비교해 보았다.

"헉! 진짜 족제비가 맞네. 그런데 어떻게 이곳까지 들어왔을까."

내가 놀라 소리쳤다. 아마 내 눈은 빨간 토끼눈이 되었을 것이다. 내 별명은 '눈 빨간 토끼'다. 흥분할 때면 눈가가 불그레하게 젖어든다. 대기는 왕사탕만 한 눈을 빠르게 굴려 대며 말했다.

"상수를 위협했어. 이대로 뒀다간 또 어떤 피해가 생길지 몰라."

대기의 머리도 빠르게 돌아가는 게 느껴졌다.

"대기는 오늘 뉴스거리 잡았네."

"당연히 뉴스로 올려야지. 엄청 중요한 사건인데. 아무리 전원 마을이지만 족제비가 학교에 나타났다는 게 말이 돼?"

대기는 집에 가면 또 뉴스부터 올릴 것이다. 그러면 조회 수는 급격히 늘 것이고.

그때 왁자지껄 여자아이들의 목소리가 들리더니 이꽃비와 주영은이 들어왔다.

이꽃비는 하얀 얼굴에 쌍꺼풀이 없고 입술이 얇은 아이다. 말끝마다 조목조목 따지기를 좋아하고 말 속도도 빨라 별명이 따발총이다. 꽃비가 '다다다다' 쏘아붙이면 어느 누구도 못 이긴다. 꽃비는 대기의 최대 적이다. 대기 일에 사사건건 토를 달기 때문이다. 꽃비 옆에는 항상 주영은이 있는데 잘 웃으며 덜렁거린다. 지독한 근시로, 여러 번 압축한 안경알 때문에 눈이 새우눈처럼 보인다.

"아침부터 왜 이리 심각해? 뭐 작당 모의라도 하고 있었어?"

꽃비가 날카롭게 주변을 훑어보았다. 의심이 많아 세상을 못 믿는 꽃비다.

"괴생명체가 진짜 또 나타났대. 상수 손을 물고 달아났대."

내가 간단히 설명했을 뿐인데 꽃비는 이미 짐작이 간다는 표정이다.

"흥, 여전히 거짓 뉴스로 혹세무민하는군."

꽃비는 한자성어를 자주 섞어 사용한다. 이럴 땐 청학동 서당 훈장님 같다.

"진짜야. 나를 공격하고 달아났어."

"믿어지지 않는데? 혹시……."

꽃비가 대기에게 의심의 눈초리를 보내자 대기가 불끈 화를 냈다.

"혹시 뭐?"

"마대기가 자기 뉴스가 진짜인 것처럼 조작하려고 일부러 상수 손을 앙 물어 버린 건 아니지?"

"야! 의심병 환자. 너 언제까지 나를 의심할래?"

대기는 화가 나는지 얼굴이 붉으락푸르락해졌다. 내가 끼어들어 상황을 정리했다.

"대기가 찍어 놓은 사진을 보니까 사실이야. 당황한 족제비가 상수를 공격했대. 우리 반 모두 조심해야 할 것 같아."

내 말에 힘이 실렸는지 그제야 꽃비가 고개를 끄덕였다.

"채진실이 진실이라면 나도 믿어 보지 뭐. 그런데 네 동생 채정식은 오늘 왜 같이 학교 안 왔니?"

나와 정식이는 이란성 쌍둥이다. 우리는 같은 반인데 오늘 정식이는 함께 나오다 '급 똥'이 마려워 도로 집으로 들어갔다. 그때 정식이가 드르륵 문을 열고 들어왔다.

"양반 되긴 다 글렀어."

영은이가 킬킬거렸다. 꽃비도 새어나오는 웃음을 깨물었다.

"왜 그래? 내가 뭘."

정식이는 어떤 일에서건 느긋하다. 말도 느리고 행동도 느리다. 그래서 아이들이 답답해한다. 그리고 매사에 신중하여 애늙은이로 불린다. 나와 정식이는 쌍둥이라 마음은 잘 통하지만 성격은 좀 다르다. 나는 흥분을 잘하고 성격이 급해 '눈빨간 토끼'로 불리고, 정식이는 '지혜로운 늙은 거북'으로 불린다. 우리는 함께 무언가를 해내면 결과물이 아주 좋다. 이런 걸 두고 찰떡궁합이라고 하던가.

02 마대기 뉴스

아니나 다를까 오후에 대기의 뉴스가 올라왔다. 썸네일을 보니 역시나 족제비 뉴스였다.

충격! 괴생명체의 정체가 밝혀지다

도심 학교 교실에 족제비 출몰.

아이 손 물고 달아나.

피해자 인터뷰!

'족제비 주의령' 내려져야!

마대기 뉴스

충격! 괴생명체의 정체가 밝혀지다

  구독과 좋아요 잊지 말고 눌러 주세요!

"안녕하세요.

마대기입니다.

지난번에 제가 급식실 앞 복도에서 맞닥뜨린 괴생명체에 대해 전해 드렸는데요. 믿지 못하겠다는 반응들이 많았습니다. 하지만 오늘 드디어 괴생명체의 정체가 드러났습니다.

우리 마을이 전원 마을이긴 하지만 야생 족제비가 교실로 들어왔다니 놀랍지요?

학교에 다니는 족제비, 믿어지나요?

오늘 그 피해자를 직접 만나 보겠습니다."

대기는 평소처럼 자기 방 책상 앞에서 방송을 하고 있었다. 옆자리에는 상수가 앉아 있었다. 대기와 상수는 함께 붙어 앉아 가끔 게임 방송을 하기도 한다. 그래서인지 함께 있는 모습이 자연스럽다.

대기는 기사 전달의 '육하원칙'에 따라 뉴스를 잘 전달했다. 그런데 대기의 뉴스에는 늘 문제점이 있다. 육하원칙 중 어느 하나가 항상 거짓이라는 거다. 하지만 그럴싸하게 만들어 전하는 데 능력이 있다.

상수는 피해자로서 오늘 있었던 일을 실감나게 전했다. 손을 물린 상황을 자세히 설명하고 그것 때문에 병원에 가서 치료를 받은 소감을 이야기했다.

상수 : "난 지난번 대기가 뉴스에서 괴생명체가 나타났다는 말을 했을 때 믿지 않았어요. 그런데 진짜였어요. 괴생명체는 다름 아닌 족제비였지만요.
족제비가 달려들었는데 와, 정말 얼마나 포악하고 행동이 빠르던지! 그때 심장이 멎는 줄 알았어요. 엄청 무서웠어요. 겪어 보지 않으면 모를 거예요.
다행히도 손에 특별한 상처는 없지만 그 이후로 자꾸 손이 떨리고 아파요."

상수는 손을 내보이며 얼굴을 일그러뜨렸다. 툭 건들면 눈물을 뚝뚝 떨굴 것 같은 엄살 가득한 얼굴이었다. 트라우마가 있긴 한 것 같았다. 그러면서도 족제비 이야기를 할 때는 모험담을 늘어놓듯 흥분했다. 그새 족제비 백과사전이라도 보고 왔는지 족제비 생김새, 색깔, 특성, 먹이 등 족제비에 대해 쫠

좔 쏟아 냈다.
 이어 대기가 뉴스를 정리하였다.

 "족제비 주의령을 내려야 할 것 같습니다. 광견병은 꼭 개에게 물렸을 때만 주의해야 할 병이 아닙니다. 족제비 같은 야생 동물에게 물렸을 때도 걸릴 수 있답니다."

 대기는 명쾌한 목소리로 뉴스를 잘 전달한다. 아마 아빠가 방송사 언론인 출신이라 그런가 보다. 대기는 시력 좋은 독수리가 스릴 넘치게 먹이를 낚아채듯 뉴스감을 물어 오는 데에 기막힌 재주가 있다.
 족제비 뉴스는 아이들과 학부모들 사이에 화제가 되었다. 마대기가 열흘 전쯤 처음으로 괴생명체에 대한 뉴스를 전했을 때와는 완전히 달랐다. 그때는 아무도 믿지 않았다. 그때 급식실 앞 복도에서 괴생명체를 봤다고 했는데 솔직히 썸네일조차 황당했다.

'충격! 급식실 앞에서 괴생명체와 맞닥뜨리다!'

대기의 그 뉴스에 대해 아이들은 '뻥'이라고 했다. 선생님들도 아무도 신경쓰지 않았다.

그런데 이번에는 달랐다. 상수가 엄마와 함께 병원에 가느라 일찍 조퇴하자 선생님들은 당장 감시 카메라를 돌려 보았다. 그런데 정말 감시 카메라에 알 수 없는 생명체가 보이자 선생님들은 놀랐다. 멀리서 희미하게 찍힌 영상이라 정확한 판단은 어려웠지만 정체불명의 생명체는 급식실과 복도를 드나들었다. 심지어 급식실 옆의 교사 휴게실까지 들랑거리는 것을 보고 선생님들은 경악하며 소리를 질렀다. 헤어 롤로 우아하게 머리를 만 채 그대로 출근하기 일쑤인 건망증 심한 교장 선생님은, 안경을 추켜올리며 영상을 노려보다가 빼빼 마른 고양이라고 우겼다.

그런데 저녁에 대기가 사진까지 제시하며 족제비 사건을 뉴스로 전하자, 이제는 그 누구도 족제비의 존재를 부정하지 않았다. 대기의 뉴스는 파도타기로 넘어온 구독자들까지 흥미롭게 보았는지 '좋아요' 숫자가 꽤 많았다.

나는 대기를 보면 미래의 모습이 떠오른다. 아마 유명 앵커가 될지도 모른다. 아니 대기의 개인 방송 채널이 더 유명해질지도 모른다.

'참 대단한 아이야.'

대기는 '족제비 주의령 1, 2, 3'이라는 제목으로 계속 뉴스를 전했다. 그런데 슬슬 문제점을 드러냈다. 뭔가 석연치 않은, 영 믿지 못할 일들이었기 때문이다.

"놀라운 사실을 알려 드리겠습니다.
한 마리뿐이라고 생각했던 족제비가 다른 가족을 몰고 또 나타났습니다!
우리는 더 위험에 처하게 되었습니다. 신속한 조치가 필요합니다.
제가 증거물을 갖고 있습니다. 바로 이 사진입니다."

증거로 제시한 사진에는 사물함 뒤로 빠져나가는 족제비의 꼬리가 두 개 보였다. 놀라웠다. 대기는 어떻게 똑같은 상황에서 같은 위치로 도망쳐 가는 족제비 꼬리 사진을 이토록 잘

찍었는지.

다음 날 학교에 가니 대기의 뉴스를 본 아이들이 대기에게 몰려들었다.

"야, 마대기. 그거 진짜야? 우리 교실에 족제비가 가족까지 데리고 나타난 거?"

"사실이라니까. 사진이 그 증거잖아."

그러자 여자아이들이 "꺅!" 소리를 지르면서 호들갑을 떨었다.

"무서워. 족제비가 엄청 거칠게 물어뜯는다던데."

"나 전학 갈래. 전원 마을 싫어. 역시 시골은 살 곳이 못 돼. 나 다시 서울로 갈 거야!"

영은이 엄살에 전원 마을이 졸지에 공포의 마을로 바뀌는 것 같았다. 그때 꽃비가 나서서 아이들을 달랬다.

"자, 자! 조용. 우린 지금 진실을 가려야 할 필요가 있어."

그러면서 대기에게 끝까지 따져 물었다.

"몇 시쯤 나타났는데? 사진 찍은 시간이 언제야?"

대기는 처음엔 아침에 일찍 와서 봤다고 하더니 나중엔 모든 아이들이 집으로 돌아가고 난 오후 시간에 본 것이라고 말을 바꿨다.

"그렇게 중요한 사건이 일어난 게 아침인지 오후인지 헷갈리다니. 수상해."

그러자 곁에서 두 사람의 이야기를 듣고만 있던 정식이가 느릿느릿 말했다.

"어, 그게. 어제 제일 늦게 나간 사람은 나랑 진실이야. 대기는 그때 교실에 없었어."

그건 정식이 말이 맞다. 어제 교실에서 제일 늦게 나간 사람은 나와 정식이다.

그러자 대기가 횡설수설 이야기를 늘어놓았다.

"너희 집에 가고 나서 내가 다시 교실에 왔어. 모자를 놓고 나갔거든."

그러자 꽃비가 의심을 품으며 말했다.

"흠! 다른 사람 눈에는 보이지 않는 족제비가 어떻게 네 앞에만 연속 세 번 나타날까? 게다가 똑같은 위치에서 찍은 사진이 의심스러워."

"모든 동물은 고유한 습성이 있는 거야. 같은 장소에서 나타나 늘 같은 구멍으로 달아난다니까."

대기는 눈 하나 까딱하지 않았다.

"그럼 우리 교실에 족제비 통로가 있다는 얘기냐?"

꽃비가 따져 묻자 그때 지혜로운 늙은 거북 같은 정식이가 느릿한 말투로 끼어들었다.

"어……, 내가 알기로 족제비는 호두알 크기 정도의 구멍으로도 충분히 드나든다고 하더라. 사물함 뒤쪽에 족제비 통로가 있는 건 아닐까?"

정식이 말에 아이들이 우르르 교실 뒤쪽으로 가서 사물함을 조금 잡아끌었다. 그러자 뒤쪽 바닥에 전기 콘센트가 있고 뭔가 잘 마

무리되지 않은 허술한 구멍이 있었다.

"이 구멍으로 나간 걸까?"

성질 급한 내가 구멍을 가리키자 대기가 또박또박 대꾸했다.

"내 생각엔 사물함 끝에서 문으로 빠져나가 복도로 갔을 것 같아. 문이 항상 열려 있으니."

대기의 추측은 그럴듯했다. 감시 카메라에 찍힌 것들을 종합해 보면 족제비는 우리 교실에서 급식실과 복도, 휴게실 주변을 주로 염탐하고 다녔던 것 같다.

03
초록색 진실 노트

족제비 사건이 있고 난 며칠 뒤, 상수가 학교에 나오지 않았다.

"상수가 어제 뭘 잘못 먹었는지 배탈이 났다는군요. 가을로 넘어가는 환절기에는 모두 조심해야 해요."

그날 밤, 마대기는 족제비 피해자에 대한 뉴스를 올렸다. 족제비에 물린 상수가 많이 아파 병원에 입원했다는 내용이었다.

"족제비에 손이 물린 피해자가 심한 트라우마와 함께 고열과 두통, 구토 증세로 병원에 입원했습니다. 그날 족제비 사고 후

병원에 가서 광견병 주사를 맞긴 했지만 5일이 지난 오늘, 광견병 증세가 나타났다고 합니다."

나는 책상 앞에 앉아 핸드폰으로 마대기 뉴스를 보다가 깜짝 놀랐다. 나는 소리 높여 옆방의 정식이를 불렀다.
"정식아, 이리 와 봐. 상수가 광견병 걸렸대. 사실이야?"
내 방으로 와서 눈을 끔벅이며 뉴스를 다 본 정식이가 고개를 갸웃거렸다.
"광견병은 금시초문인데?"
"그치? 오늘 선생님은 상수가 배탈이 났다고 하지 않았나?"
그때 거실에서 우리의 대화를 들은 엄마가 내 방으로 들어왔다.
"어머, 그게 정말이니? 상수가 광견병 걸렸어?"
궁금한 것을 못 참는 엄마가 곧바로 상수네 집에 전화를 걸었다.
"상수 엄마, 상수 걱정돼서 전화했어요. 상수가 많이 아파요?"
엄마는 상수 엄마와 한참 수다를 떨더니 전화를 끊었다.
"아이구, 상수 초밥 먹고 배탈이 난 거란다. 대기가 뭘 잘못

알았나 보네."

엄마는 별일 아니라는 듯이 말했다. 대기의 뉴스를 그저 해프닝으로 생각하는 것 같았다.

"대기는 거짓말쟁이야. 항상 불확실한 것을 진짜인 양 전하는 데 아주 특기가 있다니까."

내가 씩씩거리자 잠자코 있던 정식이가 느릿느릿 말했다.

"난 그래서 대기 뉴스 안 보잖아. 대기는 확인되지 않은 사실을 진실인 양 떠들잖아. 난 가짜 뉴스 진짜 싫거든."

나도 대기의 뉴스를 볼 때마다 거짓이 나오면 "이것은 확인되지 않은 거짓 뉴스"라고 막 떠들고 싶지만 어린이 저작물에는 댓글을 달지 못하게 되어 있어 아쉽다.

"어, 이게…… 친구끼리의 단순한 거짓말이 아니라, 이건 불특정 다수를 겨냥한 거짓 뉴스 방송이잖아."

"맞아. 대기 뉴스를 보고 족제비나 야생 동물을 조심하게 된 건 긍정적인 효과지만 자극적으로 거짓 뉴스를 만들어 전하는 건 잘못된 거야. 게다가 계속 공포감을 주잖아."

"대기가 거짓말을 많이 하니?"

엄마가 새로운 사실을 알게 된 것에 상당한 흥미를 보이며 물었다.

"언젠가부터 아예 대놓고 가짜 뉴스를 섞어서 내보내더라고."

"그렇구나. 우리 마을 사람들 대부분이 천마 신문 채널이랑 대기 뉴스 많이 볼걸? 대기가 제 아빠를 닮아 똑똑하잖아. 어린애가 핫이슈를 많이 다루더라."

엄마가 대기를 은근히 칭찬했다.

"엄마, 대기는 진짜 이상해. 금방 드러날 것을 제 맘대로 속여서 뉴스를 한다니까."

내가 씩씩대며 말하자 지혜로운 늙은 거북이 말했다.

"어……, 아니면 말고 식이겠지. 어쨌든 조회 수는 늘었잖아."

엄마도 고개를 끄덕이며 맞장구를 쳤다.

"그래, 대기 뉴스 많이 보더라. 우리 마을 사람들이 유난히 이웃 일에 관심이 많잖니. 천마 신문에 마을 소식이 많이 나오니까 꼬박꼬박 챙겨 보는 데다 또 그 집 아들이 하는 뉴스라고 엄마들이 많이 본다더라."

우리 마을은 서울에서 좀 떨어진 곳으로 전원생활을 꿈꾸는 도시인들이 모여 살기 시작한 타운 하우스다. 산자락 아래 조용한 마을이다 보니 부모님들이 아이들 일에도 엄청 관심을 보인다.

"아무튼 마대기 고 녀석 보통내기는 아니야."

엄마는 칭찬인지 험담인지 모를 소리를 내뱉고는 방을 나갔다.

"정식아, 대기는 왜 이렇게 뉴스에 집착하며 거짓 뉴스를 내보낼까? 너는 무슨 이유 같아?"

"어, 그게. 내 생각에는……."

정식이는 말을 질질 끌어서 답답하다. 이때 다그치면 똥고집처럼 아예 입을 닫아 버리기도 한다. 그러니 꾹 참고 30초쯤 기다려 줘야 한다.

"그게……. 사람들이 자기 말에 질질 끌려다니는 걸 아주 즐기는 것 같아. 그리고 조회 수를 위해 자꾸 거짓을 섞는 것 같아."

"어후, 난 거짓말하거나 속이는 거 너무너무 싫어!"

나는 책상 서랍에 넣어 둔 다이어리를 꺼냈다. 진초록 표지에 내가 멋진 글씨체로 쓴 '진실 노트'. 이 노트는 내 노트라는 표시이기도 하지만 얼마 전부터는 진실을 밝히기 위한 노트로 바뀌어 버렸다.

"대기가 전한 가짜 뉴스들도 이제부터 이 노트에 적어 둘 거야. 초록 노트를 진실의 성지로 만들 거야."

초록색은 왠지 정직해 보이는 색이다. 나는 정직하고 진실한 것을 중요시한다. 그건 어쩌면 내 이름에 대한 애정이 커서 그럴지도 모른다.

내 진실 노트에는 친구들의 거짓된 행동과 말이 적혀 있다. 그동안 혼자 끄적끄적 적어 놓은 것들이다. 5학년에 올라오면서 아이들은 거짓이 많이 늘었다. 위선과 가식, 거짓말. 그래서인지 우리는 친구끼리 가끔 진실 게임을 해야 할 때가 있다.

"이제부터는 대기의 거짓 뉴스를 다 기록해 뒀다가 폭로해 버릴 거야."

나는 대단한 일을 할 것처럼 씩씩거렸다. 그러자 정식이가 빈정거렸다.

"채진실. 또 집착이 시작됐군. 진실 노트에 잔뜩 적어 놓기만 하면 뭐해? 진실을 밝혀낸 것은 없잖아. 아무것도 달라진 것은 없다고."

그러더니 내 책상 위에 있던 큐브를 들고 제 방으로 가 버렸다. 정식이는 느려서 답답한데 큐브 맞출 때만큼은 다람쥐처럼 손놀림이 재빠르고 머리가 잘 돈다.

'저 녀석은 나보다 머리가 훨씬 좋은 게 확실해.'

과학자가 꿈인 정식이는 논리력과 추리력이 대단하다. 정식이가 존경하는 인물은 아인슈타인과 어린이 추리 작가 아림 코난이다. 아림코난 작가는 원숭이 나라에서 벌어지는 이상한 사건을 연속적으로 써 내는 작가이다. 정식이는 추리 동화를 읽으며 혼자 범인을 찾아내거나 미래 과학자답게 가설을 잘 내세운다.

'미래에 아이들이 없어진다면?'

'미래에 영장류가 거의 멸종된다면?'

'미래에 인간이 가장 나약한 동물로 퇴화된다면?'

정식이는 어쩌면 20년 뒤쯤엔 유명한 과학 저널에 영장류에 관한 논문을 싣는 유명 과학자가 될지도 모른다. 나는 옆방으로 가 버린 정식이를 향해 소리쳤다.

"채정식. 거짓되고 잘못된 것에 대해 문제의식을 느끼는 것만으로도 어쩌면 세상이 달라지는 거 아닐까!"

나는 귀를 쫑긋 세우고 정식이 말을 기다렸다.

"누가 뭐래? 비판 의식이 나쁜 건 아니니까 진실 노트에 잘 적어 보셔. 난 큐브나 맞출 테야. 이게 진실이거든."

04 천마 신문의 어린이 기자 공모

　대기네 아빠가 발행인 겸 국장으로 있는 '천마 신문'은 우리 마을의 유명한 신문이다. 대기네 아빠는 방송사 기자였다고 하는데 전원 마을로 이사 온 뒤로 지역 신문을 발행했다. 지역 신문이 활성화되는 것이 진정한 언론 선진국이라고 했다. 대기네 아빠는 마을 사람들에게 조합원이 되어 줄 것을 요청했다.

　대기 아빠 바람대로 천마 신문은 마을에서 중요한 신문으로 자리를 잡았다. 광고도 많이 하고 구독도 많아졌다. 대기 아빠는 천마 신문 마 국장으로 불린다.

그런데 이번에 천마 신문에 아주 눈에 띄는 기사가 났다.

어린이 기자를 뽑습니다

바른 언론을 살리기 위해 이제 어린이들이 나서야 합니다.

미래의 올바른 언론인을 꿈꾸는 어린이들의 도전을 기다립니다.

공모 기간 동안 어린이들은 직접 취재한 기사를 작성하고

유튜브 영상으로도 제작해서 함께 올려 주세요.

지역 주민들의 관심을 가장 많이 받은 동영상 뉴스 5개를 뽑아

시상을 합니다.

대상에게는 겨울 방학을 맞아 2인 괌 여행권을 상품으로 드립니다.

작은 도시에서 발행되는 지역 신문에 해외 여행권을 상품으로 내건 공모가 뜨자 마을 사람들 모두 관심이 컸다.

대기는 자신만만한 표정으로 자기도 도전하겠다고 했다. 이꽃비는 결사반대를 외쳤다.

"야, 너희 아빠가 국장인데 네가 응모를 하면 너를 뽑아 주겠지. 그러니까 너는 빠져야 해."

그러자 마대기는 씩씩거렸다.

"말도 안 돼. 그런 걸 역차별이라고 하는 거야. 누구에게나 자격이 있고 정정당당하게 실력으로 겨루는 거지."

나는 사실 잘 모르겠다. 자기 아버지가 발행인으로 있는 신문사에 아들이 응모를 하는 게 옳은지 그른지. 그래서 지혜로운 늙은 거북에게 물었다.

"채정식. 네 생각은 어때? 꽃비 말이 맞아, 대기 말이 맞아?"

그러자 영은이도 궁금하다는 듯 도수 높은 안경을 추켜올리며 정식이를 뚫어지게 바라보았다.

"그래. 채정식 군에게 정식으로 의견을 들어 보자. 호호"

영은이는 항상 정식이에게 어떤 의견을 물을 때마다 "정식 군에게 정식으로 들어 보자."라는 말을 자주 한다. 이 말은 반에서 유행어가 되었다. 정식이가 느리게 입을 열었다.

"어, 그게, 꽃비 말이 맞지. 하지만 대기 말도 틀린 건 아니라고 생각해."

"야, 그럼 네 의견은 도대체 뭐야? 이것도 응, 저것도 응, 조류와 포유류 사이를 왔다 갔다 하는 박쥐냐?"

영은이가 타박을 놓자 꽃비가 끼어들었다.

"정식이 같은 애들을 회색분자라고 하는 거야."

회색분자? 나는 오늘 또 꽃비에게 새로운 낱말을 배웠다. 회색분자, 검은색 흰색 그 사이를 가리키는 회색으로, 즉 중도자란다. 정식이가 30초쯤 뒤에 느리게 입을 열었다.

"어, 그게……, 자격은 누구에게나 있는 거지. 하지만 심사는 공정하게. 그런 걸 뭐라 하던데?"

그러자 꽃비의 총알 같은 대답이 튀어나왔다.

"어른들은 블라인드 면접을 본다고 하더라. 누구인지 모르게 블라인드로 가리고 해야 한다는 뜻이야. 뉴스에서 봤어."

꽃비는 턱을 치켜들고 눈을 내리깐 채 대기에게 또 따졌다.

"야, 근데 가족끼리 블라인드가 되니? 대기가 밥 먹으면서 아빠한테 '나 이런 뉴스 만들어서 공모에 낼 거야. 상품이 괌 여행권이야. 신난다.' 이렇게 말할 텐데 블라인드가 되겠냐고! 자기 아들이 만든 뉴스가 뭔지 뻔히 알게 되잖아. 눈 가리고 아웅. 어려운 말로는 조삼모사로 속여 먹는 거지. 흥!"

다들 꽃비 말에 수긍이 가는지 고개를 끄덕였다. 그러자 정식이가 덧붙여 말했다.

"어, 그게. 양심을 믿어 보는 거지. 심사를 공정하게 하는지 지켜보면서."

영은이가 팔짱을 끼며 경쾌한 음성으로 말했다.

"그래. 좋다! 우리는 지켜보기로 하자. 대기네 아빠가 발행하는 천마 신문은 우리 지역에서 알아주는 신문이잖아. 이 신문을 안 보는 집은 거의 없을걸? 마을 공원에 수북하게 쌓여 있고 무료라 대부분 많이 보잖아. 그러니 믿어 볼 수밖에. 호호호."

영은이가 입을 가리며 새우눈으로 웃었다. 그 말은 사실이다. 대기네 아빠가 발행하는 신문은 우리 마을 사람들이 거의 다 본다. 왜냐하면 병원, 학원, 맛집 소개 등 필요한 정보가 올라와 있고 회원도 많다. 또 공원이나 버스 정류장에 무료로 쌓여 있기도 하다. 우리집에서도 명절날 천마 신문을 깔아 놓고 전을 부친다. 영은이가 그새 웃음을 지우고 진지한 자세로 말했다.

"정식이 말대로 공정하게 뽑는지 우리는 지켜보자. 또 조회수를 보면 알겠지. 암튼 우리 마을은 참 재미있어."

영은이는 얼마 전 대도시에서 이사 왔는데, 어떤 때는 시골 마을이라고 무시하다가도 조금만 신나는 일이 있으면 이사 오길 잘했다며 물개 박수를 치곤 한다.

"이꽃비, 너도 참여할 거야?"

대기가 은근히 견제하듯 물었다.

"한 번 해 보지 뭐. 괌 여행도 한 번 해 볼 겸."

꽃비가 여유로운 척 팔짱을 꼈다. 그러자 대기 얼굴색이 변하는 것 같았다. 강력한 라이벌쯤으로 생각하는 걸까. 꽃비는 모든 일에 공격적인 데다 똑똑하고 글도 잘 쓰니 대기가 경계할 만하다.

"꽃비야, 우리 둘이 같이 취재할까? 너랑 나랑 같이 곰 여행 가자."

영은이가 남의 밥상에 은근히 숟가락 올리듯 말했다. 꽃비는 "좋아!" 하며 영은이와 하이파이브를 했다.

"근데 쌍둥이 남매께서는 뉴스 취재 안 할 거야?"

꽃비가 내게 물었다. 나는 자신이 없다. 대기와 꽃비처럼 의욕이 넘치지도 않는다. 그건 정식이도 마찬가지다.

"나는 너희 두 사람을 지켜보는 것으로 만족할게."

내 말에 영은이가 색다른 제안을 했다.

"정식으로 건의하는데, 진실 양과 정식 군은 마대기와 이꽃비의 뉴스에 대해 팩트 체크를 맡아 주면 어떨까? 호호호."

꽃비는 좋은 생각이라며 손뼉을 쳤고, 찔리는 게 많은 대기는 순간 표정이 일그러졌다.

대기는 이미 개인 방송으로 유명한 아이다. 며칠 전 올린 족제비 뉴스는 이미 사람들의 관심을 끌었다. 어쩌면 탑 5에 뽑힐지도 모른다. 대기의 뉴스 때문에 마을에서는 야생 동물에 대한 경각심이 높아졌다. 또 학교에서는 족제비를 잡기 위해 포획 틀을 설치하는 등 안전에 신경을 쓰게 되었다. 뉴스끼리 경쟁한다면 오히려 한발 늦게 출발한 꽃비가 불리하다. 하지만 우리는 꽃비의 뉴스에 관심이 갔다.

'꽃비가 과연 어떤 뉴스를 올릴까?'

나도 궁금해졌다.

대기의 족제비 뉴스가 조금 시들해질 때쯤, 꽃비의 뉴스가 올라왔다. 그 뉴스는 마을에 유기견 임시 보호소가 생겼다는 뉴스였다.

"유기견 임시 보호소라면…… 검은 선 캡 아줌마?"

나는 꽃비의 뉴스를 보자마자 소리쳤다.

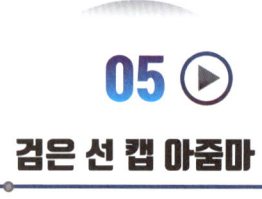

05 검은 선 캡 아줌마

 검은 선 캡 아줌마는 타운 하우스와는 1킬로미터 정도 떨어진 산자락 아래에 산다. 산을 오르려면 그 집 앞을 지나야 해서 우리 마을 사람들은 선 캡 아줌마네를 다 안다.

 그 집은 오래된 단층 주택인데 마당이 넓다. 항상 문은 굳게 닫혀 있고 그 집 앞을 지날 때면 개들이 집단으로 요란스레 짖어 댄다. 또 더운 여름에는 비릿한 냄새가 풍겨 오기도 했다. 사람들은 의심의 눈초리를 보냈다.

 "개가 한두 마리가 아닌 것 같아. 저렇게 사납게 짖어 대는 것도 좀 수상하고. 혹시 개 농장 아닐까."

개 농장은 개를 판매할 목적으로 사육하고 강제로 번식시키는 곳으로, 불법인 경우가 많다. 타운 하우스 사람 중에 누구도 그 집을 들어가 본 적은 없다. 동네에 오래 살고 있는 노인들만 그 집의 내막을 안다. 선 캡 아줌마는 나이 드신 어머니를 모시고 살다가 얼마 전 어머니가 돌아가셔서 지금은 혼자 살고 있다고 했다.

그런데 그 아줌마는 항상 검은색 선 캡을 푹 눌러 쓰고 다닌다. 그래서 나도 얼굴을 본 적이 없다.

'왜 저렇게 얼굴을 가리고 다닐까?'

아줌마는 하늘하늘한 숄을 두르고 나와 우아한 발걸음으로 다니며 고양이들에게 먹이를 주다가도 사람을 보면 급히 집으로 들어간다. 어떤 날은 까치들에게도 먹이를 준다.

"야생 동물은 그냥 내버려 둬야지 왜 저렇게 맨날 먹이를 줘?"

선 캡 아줌마가 동물들에게 먹이를 주는 것에 대해 마을 사람들은 못마땅해했다. 벌레를 잡아먹고 사는 새들에게 왜 굳이 먹이를 뿌려 주며, 야생에서 스스로 먹이를 해결하는 고양이들에게 왜 굳이 사료를 주는지 알 수 없다는 것이다.

그런데 그 집이 알고 보니 '유기견 임시 보호소'였다는 사실을 꽃비가 뉴스로 전한 것이다.

"산자락 아래 빨간 지붕 집을 다 아실 거예요. 그곳이 유기견 임시 보호소입니다.
혹시 버려진 개들을 보았을 때는 이곳에 도움을 요청하면 되겠습니다."

꽃비는 유기견 보호소를 소개하면서 버려지는 개들에 대해서도 뉴스를 전했다.

"한 해에 버려지는 개들이 십만 마리가 넘는다고 합니다.
우리 모두 동물을 사랑하면 좋겠어요.
발견된 유기견은 동물 보호소로 가게 되고 그곳에서 새 주인을 만날 때까지 지정된 동물 병원에서 치료도 받는답니다.
그런데 만일 새 주인을 못 만나면 안락사를 당하기도 한답니다. 그러니 모두……."

꽃비의 '유기견 임시 보호소'에 대한 뉴스는 선 캡 아줌마에 대한 궁금증을 해소시켜 주었다. 그 전에는 아이들이 선 캡 아줌마에 대해 이상한 말들을 지어 냈던 것이다.

"빨간 장화 신고 검은 숄 두르고 어슬렁거릴 때는 꼭 마녀 같아."

"맞아. 햇볕이 없는 날에도 왜 선 캡을 쓰고 다니는 거지?"

"어느 날은 어깨에 산까치들을 잔뜩 태우고 돌아다니더래."

"개 산책은 왜 항상 비오는 날에만 하는 거지?"

나와 정식이도 그 점이 이상했다.

"개들은 비 맞는 것을 싫어한다던데? 그런데 선 캡 아줌마는 맑은 날보다 비 오는 날 개를 더 끌고 나오는 것 같아."

나와 정식이는 비오는 날 아줌마가 개를 끌고 나오는 것을 몇 번 보았다. 검은색 닥스훈트는 그나마 우비를 입혀 나온 것을 본 적이 있다. 그런데 어느 날은 누렁이가 비를 흠뻑 맞고 미친 듯이 흙탕물 속을 뛰어다니는 것을 보았다. 우산을 쓴 채 목줄을 붙잡고 힘센 누렁이에게 끌려가듯 빗속을 뛰어가는 아줌마가 정말 이상했다.

"개도 그날그날 달라. 어느 날은 진돗개, 어느 날은 비글, 어

떤 날은 시베리안 허스키.”

엄마도 산에 오를 때마다 그 집에서 풍기는 냄새에 코를 움켜쥐며 악담을 퍼부었다.

“분명 개 농장일 거야. 관리 안 하고 비위생적이겠지. 정말 수상해.”

마을 아이들은 약간의 상상을 보태 선 캡 아줌마를 이상히 말하기도 했다.

그런데 꽃비의 뉴스에서 그곳이 유기견 보호소라는 것을 알려 준 것이다.

“아, 그래서 개들이 많았구나.”

하지만 어른들은 계속 수상히 여겼다. 엄마도 분명 개를 팔아 돈을 벌 거라며 의심을 했다.

“엄마, 유기견 보호소라는데 왜 그렇게 의심을 해?”

“몰라. 왠지 의심스럽고 인상이 안 좋아.”

그런데 며칠 뒤, 우리는 궁금증을 풀 절호의 기회를 맞이하게 된 것이다.

그날 우리는 수업을 마치고 학교를 나오는 길이었다. 나, 정식이, 꽃비, 영은이 이렇게 넷이었다. 교문을 막 지나는데 학교 담장 근처에서 너무나 야윈 개를 만났다. 하얀 스피츠 종인데 털 색깔이 더러워져 거의 흙빛이었다. 개는 바르르 떨면서 뭔가 두려움에 휩싸여 있었다. 우리를 보더니 자기를 도와줄 거라 믿었는지 낮은 소리로 낑낑거렸다.

"버려진 개 같아. 바짝 야윈 게 배고픈 것 같아."

정식이가 얼른 개 앞으로 다가가 쪼그려 앉았다. 굼뜬 정식이답지 않은 빠른 행동이었다. 우리도 모두 개를 둘러싸고 앉았다. 꽃비는 개가 무서운지 조금 떨어진 채 서 있었다. 개는 털도 빠지고 몰골이 형편없었다.

"어, 버려진 개가 틀림없어. 피부병도 걸린 것 같아."

정식이는 개의 코끝을 살펴보았다. 개도 길러 본 적 없는 정식이가 꼭 수의사 선생님처럼 굴었다.

"개들은 코를 보면 건강 상태를 알 수 있댔어. 봐. 코끝이 메마르고 색이 옅잖아."

정식이 말에 영은이도 개를 길러 본 적 있어서 잘 안다며 맞장구를 쳤다.

"맞아. 이 개는 병들었어. 어쩐지 학대당한 개 같아. 우리 먹을 것을 사 주자."

우리는 편의점에서 참치 캔 하나를 샀다.

"개들은 짜게 먹으면 위험해. 참치 기름을 짜내고 물에 헹궈 먹이는 게 좋댔어."

영은이는 개를 길러 본 아이답게 자기 가방에서 물통을 꺼내 능숙하게 참치를 헹궈 개에게 주었다. 개는 미친 듯이 먹기 시작했다. 눈 깜짝할 사이에 캔은 비었다. 남은 물을 캔에 부어 주자 개는 물을 달게 핥았다. 계속 서서 보고만 있던 꽃비가 그제야 개 옆으로 다가와 앉으며 말했다.

"유기견 보호소에 데려다 주자. 선 캡 아줌마네 말이야."

우리는 드디어 비밀의 성에 들어가게 됐다는 생각으로 조금은 들뜬 채 그 집으로 향했다. 걸어가면서 우리는 버려진 개 이름을 즉석으로 지었다.

"길에서 만난 멍멍이니까 길멍이라고 하자."

내 말에 모두 좋다고 했다. 걷다가 정식이가 힘없는 길멍이를 품에 안았다. 그러자 꽃비가 소리를 꽥 질렀다.

"야, 더럽게 왜 개를 안아? 병이라도 걸리면 어쩌려고!"

"어…… 개가 힘이 없어서 비틀대잖아."

선 캡 아줌마네 집 주황색 철문은 굳게 닫혀 있었다. 낮은 담장 위에는 꼬리가 뭉툭한 회색 고양이가 앉아 있었다. 우리는 낡은 초인종을 찾아내 눌렀다. 잠시 후 인터폰에서 목소리가 들려왔다.

"누구세요?"

"여기가 유기견 보호소죠? 아줌마 도와주세요. 버려진 개를 데려왔거든요."

꽃비가 당당히 말했다. 잠시 후 철문이 철커덕 열렸다. 우리가 '아줌마'를 부르며 들어서자 뒷마당 쪽에서 개들이 한꺼번에 짖어 댔다. 그때 커다랗고 시커먼 개 한 마리가 사납게 짖어 대며 우리에게 달려왔다.

"으악!"

꽃비의 비명에 나머지도 덩달아 뒷걸음질쳤다. 커다란 개가 하필 정식이를 쳐다보며 사납게 짖어 댔다.

"조심해!"

나는 이럴 때는 누나 본능이 발휘된다. 동생 정식이를 지키려고 정식이를 감싸 안았다. 다행히 개는 소리만 요란했지 물거나 하지는 않았다. 아마도 정식이 품에 안긴 길멍이를 향해 짖어 대는 것 같았다. 길멍이도 정식이 품에서 있는 힘을 다해 짖어 댔다. 학교 앞에서 눈꺼풀을 바르르 떨던 조금 전의 길멍이와는 달랐다.

그때 선 캡 아줌마가 현관문을 열고 나와 고함을 질렀다.

"쏘리야, 그만!"

그 소리에 길길이 뛰던 검은 개가 얌전해졌다. 선 캡 아줌마는 여전히 선 캡으로 얼굴을 가린 상태였고 손에는 긴 삽이 들려 있었다. 아이들은 순간 움찔했다.

"무슨 일이니?"

선 캡 아줌마의 목소리는 냉정하고 메말랐다. 영은이가 내 귀에 대고 속삭였다.

"소문대로 마녀 같아."

정식이가 더듬더듬 말을 했다.

"저…… 버려진 개 같아서 불쌍해서 데리고 왔어요. 맡아 주실 수 있나요?"

꽃비는 제법 당당하게 말했다.

"학대받은 개 같아요. 몸도 아파 보이고요. 우리를 보면서 뭔가 도와줬으면 하는 눈빛을 보내더라고요. 오래 굶었는지

야위었어요."

그러자 아줌마는 우리 가까이로 다가와 개를 찬찬히 살펴보았다. 나는 선 캡 너머로 아줌마의 얼굴을 자세히 들여다보았다. 파마머리에 둥글둥글한 인상의 얼굴이었다.

"놓고 가."

더 이상의 말은 없었다. 우리는 모두 뻘쭘했다. 길멍이를 내려놓고 나오려는데 길멍이가 우리 곁으로 다가왔다. 정식이가 길멍이를 잠시 쓰다듬다가 아줌마에게 물었다.

"여기에 두고 가면 어떻게 되나요? 우리 길멍이 치료도 받고 안전하게 보호받을 수 있나요?"

"걱정 말고 가."

걱정 말고 가라고 하지만 목소리가 차가웠다. 우리는 우물쭈물하다가 주황색 대문을 나왔다.

담장 너머로 다시 한 번 집안을 살폈다. 넓은 마당은 휑뎅그레했고 마당 손질은 거의 안 한 듯 거친 풀들이 자라 있었다. 아줌마와 길멍이, 그새 얌전해진 검은 개, 담장에서 내려간 회색 고양이가 사각 구도로 마주보고 있었다.

"뒷마당에 있는 여러 마리 개들은 어떤 환경에 있을까?"

꽃비 말에 우리 모두 의심이 들기 시작했다.

"이상하지 않아? 유기견 보호소가 원래 이러니?"

내 질문에 아이들이 한결같이 아줌마가 너무 차가운 것 같다는 말을 했다. 잠시 후 꽃비의 의심이 시작되었다.

"혹시 개 농장 아닐까? 우리가 맡겨 놓은 개도 혹시 팔려 가는 거 아냐?"

꽃비 말에 영은이는 끔찍하다며 얼굴을 찡그렸다. 정식이는 아무 말도 하지 않았다. 마을로 향하는 내내 꽃비의 폭풍 수다가 계속되었다.

"아줌마 삽은 왜 들고 있는 거니? 깜짝 놀랐다니까. 혹시 죽은 개를 몰래 묻으려고 삽을 들고 있던 건 아닐까? 목소리도 완전 얼음장이야. 마녀라는 소문이 괜한 것은 아냐. 그 집 개 사나운 거 봤지? 사냥개 같았어. 사랑받은 개 같지는 않아."

간간이 영은이가 장단을 맞춰 주기는 했지만 나와 정식이는 아무 말도 하지 않았다. 정식이가 한참 만에 입을 열었다.

"며칠 뒤에 길멍이가 어떻게 지내는지 또 가 보자."

06 꽃비의 뉴스

다음 날 학교에 갔는데 꽃비가 흥분한 듯 떠들었다.

"빅뉴스야, 빅뉴스!"

나와 영은이는 호다다닥 꽃비에게 몰려갔다.

"무슨 일인데?"

"우리 엄마가 그러는데 선 캡 아줌마네 유기견 보호소는 정식으로 허가가 난 보호소가 아니고 개인이 운영하는 유기견 쉼터래. 그런데 끔찍하게도 유기견 쉼터를 핑계로 개장사를 하고 있대."

'개장사'라는 말에 우리는 동시에 소리를 질렀다.

"말도 안 돼!"

내 말에 영은이도 귀를 감싸 쥐며 소리쳤다.

"어머나, 끔찍해. 개장사를 하다니. 개는 가족인데."

꽃비가 이어 말했다.

"유기견 쉼터로 위장한 뒤 유기견을 데려다 번식을 시켜서 사람들에게 판대."

"헐, 설마?"

나는 믿을 수 없었다. 꽃비는 눈에 힘을 주며 따발총을 쏘아 댔다.

"진짜라니까. 우리 엄마가 그랬어. 그 집 때문에 전염병도 걱정이래."

그러자 언제 왔는지 정식이가 다가와 물었다.

"무슨 전염병?"

"뭐긴 뭐야? 광견병에, 또 야생 동물 때문에 생기는 여러 질병이지. 너희들 코로나가 왜 생긴 건지 알아? 동물끼리 전염되는 병이 인간에게 전염된 거라고. 박쥐는 박쥐끼리 병을 옮기는 건데 사람에게 병을 옮기면서 코로나가 생긴 거잖아. 사람에게 병을 일으키는 병원균의 60퍼센트가 동물에서 온 거라는 사실! 너희 알고 있니? 광견병, 에볼라, 메르스, 코로나, 조류 독감. 이게 다 동물 때문이라고."

 꽃비의 말이 그럴듯하게 들렸다. 하지만 '선 캡 아줌마가 정말 개장사를 하는 걸까?'에 대해서는 의문이 들었다. 그때 정식이가 꽃비의 말에 조용히 끼어들었다.

 "어, 저기. 나도 좀 말할게. 꽃비 말대로 동물 때문에 생기는 질병들이 꽤 많긴 하지만……. 그건 사실 동물 다양성이 줄어든 결과야. 그 책임은 인간에게 있기도 하고."

 "그게 왜 인간 책임이니? 인간도 점점 줄어드는 건 마찬가지인데. 난 이제 뉴스를 전해야 할 책임감을 느꼈어. 사명감으로 뉴스를 전할 거야. 나는 하늘과 땅에 맹세해. 나는 절대 괌 여행권을 타기 위해서가 아니야. 우리 마을 혐오 시설에 대해 낱낱이 밝힐 거야."

 꽃비가 의지를 다지려는 듯 주먹을 움켜쥐었다. 나는 꽃비 말에 이의를 제기했다.

 "유기견 보호소가 왜 혐오 시설이야? 버려진 개를 치료해 주고 새 주인을 만나게 해 주는 징검다리 역할을 하는 곳인데. 오히려 좋은 일 하는 거 아니야?"

그러자 꽃비가 훈장님처럼 나에게 호통을 쳤다.

"채진실! 정신 차려. 무늬만 유기견 보호소이고 그 안에서는 동물 학대가 벌어지고 있잖아. 개장사를 하는 거라니까."

"말도 안 돼. 증거도 없이 너무 성급한 주장 아닐까? 그리고 너는 유기견 보호소를 혐오 시설로 단정짓고 아예 없애자는 주장이잖아."

나도 씩씩대며 말했다. 그러나 영은이는 꽃비 편을 들었다.

"그날 눈으로 직접 보고도 그런 소리니? 마녀처럼 싸늘하게 말하던 선 캡 아줌마를 떠올려 봐. 동물을 사랑하는 사람으로 보였어?"

그 말에는 어느 정도 동의가 되긴 했다. 분명 따뜻한 느낌은 아니었다.

"그게……. 자세히 알기도 전에 인상으로만 사람을 평가하는 건 좀……."

정식이가 머리를 긁적이며 말꼬리를 흐렸다. 내 편을 들어주려고 하지만 말이 느려서 늘 상대방이 치고 들어오는 대화에 꺾이고 만다.

"우리 엄마가 그러는데 유기견 보호소 때문에 마을 다 버렸대. 요즘은 마을에 혐오 시설 들어오면 집값 떨어지고 마을 이미지가 안 좋아지잖아. 비위생적이고 냄새나고. 당장 마을에 전염병이 돌지 않을까 걱정해야 한다니까. 어떻게든 유기견 보호소를 못 하게 막아야 해."

꽃비의 입에 프로펠러가 달린 것처럼 말이 빨라지고 있었다. 이러다 꽃비 몸이 하늘로 붕 떠오르는 건 아닌지.

사실 꽃비 엄마는 마을의 대표다. 마을이 예쁘게 단장되어야 타운 하우스의 집값도 높아진다며 열심히 마을 일을 한다. 행여나 마을에 집값 떨어질 만한 일이라도 생기면 곧바로 코뿔소처럼 들이받을 태세다.

그때 한쪽에서 가만히 듣고만 있던 마대기가 대화에 끼어들었다.

"이꽃비 뉴스거리 잡았네. 나는 족제비 주의령, 이꽃비는 마을 혐오 시설이 되어 버린 유기견 보호소의 민낯. 잘하면 괌 여행권이 꽃비에게로 가겠는걸."

마대기가 일부러 쩝쩝대며 입맛 다시는 소리를 냈다.

"마대기! 내가 너처럼 그깟 괌 여행권 때문에 이러는 거 같아? 동물 사랑의 가면을 쓰고 동물을 학대하며 마을에 피해를 주는 나쁜 아줌마에 대해 알리려고 그러는 거지."

그날부터 꽃비의 뉴스 채널이 활발히 움직이기 시작했다.

꽃비 채널 뉴스
"오늘 뉴스는 충격적입니다.

동물을 사랑하는 곳이라고 믿었던 곳이 오히려 동물을 학대하는 왕국이었다면?

여러분은 어떤 생각이 드나요?

유기견 보호소로 운영되고 있는 곳이 대부분 비위생적인 환경으로 개들이 고통을 당하고 있습니다.

이런 시설은 개들뿐만 아니라 마을에도 피해를 주고 있답니다.

혹시 마을에 유기견 보호소가 있다면 철저히 감시하고 관리해야 합니다."

꽃비는 그곳이 선 캡 아줌마네 집이라는 이야기는 하지 않았다. 괜히 그랬다가 선 캡 아줌마가 따지러 올 수도 있기 때문이다.

꽃비는 계속해서 유기견 보호소의 잘못된 점들을 뉴스로 내

보냈다. 또 동물 학대가 의심된다는 이야기도 계속 섞어 내보냈다.

"개들이 좁은 철망에 갇혀 지내는 것은 동물을 불행하게 하는 것이랍니다.
동물 복지 차원에서 잘못된 일 아닐까요?
여러분은 '뜬장'이 무엇인지 아나요?
뜬장 위에서 동물들이 얼마나 고통과 슬픔을 겪는지.
만일 보호소가 그렇게 생겼다면 민원 센터에 신고를 해 주세요."

꽃비의 뉴스는 동물 보호 시설에 대해 관심을 갖게 만드는 뉴스였다. 하지만 뚜렷한 증거 없이 선 캡 아줌마네 집에서 동물 학대가 벌어지고 있는 것처럼 말했다.

역시나 라이벌 관계인 마대기가 시비를 걸었다.

"야, 너 확인되지 않은 사실을 자꾸 내보내면 어떡해? 그거 가짜 뉴스 아냐?"

"진짜거든. 어제도 지구 방위대 아빠들이 마을을 순찰하다가 그 집에서 찢어질 듯이 울부짖는 강아지 소리를 들었대."

꽃비는 자신이 전한 뉴스가 사실이라고 우겼다.

"그 아줌마가 허위 사실로 너 고소하면 어떡할래?"

"어쭈! 어려운 말 쓰는데? 허위 사실 아니거든! 내가 너처럼 가짜 뉴스만 전하는 줄 알아?"

꽃비는 당당했다. 아무래도 엄마가 마을에서 주도적으로 일을 하니 두려울 게 없는 것 같았다.

07 ▶
꽃순이 유기견 쉼터

  천마 신문에 '어린이 뉴스 동영상 공모'가 시작된 이후로 벌써 여러 건의 동영상 뉴스가 올라와 있었다. 부모님들이 도와준 듯이 잘 만들어진 뉴스도 꽤 있었다. 5학년들도 친구들끼리 짝을 지어서 뉴스를 취재하여 올린 게 몇 건 있었다. 우리 반에서는 역시 마대기와 이꽃비 뉴스가 경쟁 관계였다.

  조회 수로 보면 누적된 조회 수는 마대기의 '족제비 주의령' 뉴스가 많았다. 하지만 이꽃비가 올린 '유기견 보호소'도 조회 수가 폭발적이었다.

  꽃비는 취재를 해야겠다며 친구들을 불러모았다.

"우리 유기견 보호소 한 번 가 보자. 길멍이는 어떻게 됐는지 확인도 하고 동물 학대에 대한 증거도 잡아야 해."

그러자 영은이가 말했다.

"시커먼 선 캡으로 얼굴을 가리고 있는 걸 보면 뭔가 숨기는 게 많은 거 같아. 그 아줌마 또 다른 별명이 뭔 줄 알아? 얼굴 없는 아줌마야."

처음엔 의심하지 않던 아이들도 확신에 가득찬 꽃비의 뉴스를 보며 점점 의심하기 시작했다.

"오늘 함께 갈 사람 손들어 봐!"

꽃비 말에 나와 정식이, 영은이 모두 손들었다. 당연히 길멍이 소식이 궁금할 수밖에 없었다.

우리는 학교를 마치고 곧바로 선 캡 아줌마네로 향했다. 초인종을 눌렀지만 어쩐지 아무 대답이 없었다. 대문 옆 기둥에 작은 푯말이 붙은 것을 발견했다.

'꽃순이 유기견 쉼터'

영은이가 살짝 대문을 밀자 스륵 열렸다.

"어쩐 일일까? 늘 굳게 닫혀 있던 대문이? 살짝 들어가 보자."

꽃비가 주황색 대문을 조심스레 열며 앞장서서 들어갔다.

"와, 꽃비는 역시 용감한 취재 기자야."

영은이가 속삭였다.

조용히 들어가서인지 다행히 검은 개는 달려 나오지 않았다. 뒷마당으로 가 보니 역겨운 냄새가 코를 확 찔렀다. 산자락 바로 아래인 뒷마당에는 개들을 가두어 둔 철망들이 꽤 많이 있었다. 개들은 스무 마리는 족히 넘어 보였다. 지난번 우리에게 달려들었던 검은 개는 줄에 묶인 채 구석에서 짖어 댔다. 그러자 다른 개들도 철망 가까이로 다가와 각자의 목소리로 짖기 시작했다. 키가 큰 진돗개와 시베리안 허스키는 앞발로 철망을 짚고 서서 짖어 댔다. 그 모습이 너무 무서웠다.

"헉! 진짜 개들을 다 가두었잖아."

영은이 말에 꽃비가 의기양양 말했다.

"내 말이 맞지? 분명 보호소로 위장한 개 농장이야."

하지만 정식이가 좀 더 신중하게 말했다.

"그런데 네가 말했던 것 같은 뜬장은 아냐. 뜬장은 바닥까지 철망으로 엮어 똥오줌이 그 사이로 떨어지게 만든 거잖아."

나도 텔레비전에서 본 적이 있다. 뜬장에서 사육된 동물들은 평생 철망을 밟고 살아 발바닥이 찢어지고 병들어 고통스럽게 지낸다는 것을! 개들이 철장 안에 갇혀 있긴 하지만 공간은 제법 넉넉해 보였다. 바닥도 평평하고 누워 쉴 수 있는 깔개들도 보였다. 나도 꽃비에게 말했다.

"맞아. 텔레비전에서 봤는데 개 농장은 개들이 움직일 수 없을 정도로 공간이 작아. 층층으로 개를 가두고 있어서 개들의 발이 진짜 허공에 뜬 채로 지내. 너무 열악한 환경이었어."

꽃비가 전한 '뜬장'에 관한 것은 명백한 가짜 뉴스였다. 그러나 꽃비는 화를 내며 말했다.

"너희 쌍둥이 정신 차려! 지금 너희 눈으로 보고도 그런 소리 하니? 개를 반려동물로 생각하는 사람이라면 저렇게 가둬 두진 않아."

꽃비의 말이 맞기도 하다. 개를 좋아하는 사람이라면 가두지 않고 풀어 놨을 것이다. 꽃비의 총알 공격이 두려웠는지 정식이가 재빨리 말을 돌렸다.

"그나저나 빨리 길멍이나 찾아보자. 이곳에 있는지. 어떻게 지내는지."

우리는 길멍이를 찾았지만 어디에도 보이지 않았다. 그때 뒤쪽에서 인기척이 들려왔다.

"너희들 뭐하는 거니?"

선 캡 아줌마였다. 여전히 선 캡으로 얼굴을 가리고 위풍당당하게 팔에 삽을 끼고 서 있었다. 비오는 날도 아닌데 빨간 장화를 신고 있었다. 어깨에 두른 하늘하늘한 숄은 들고 있는 삽이랑은 영 어울리지 않았다.

"저…… 길멍이 잘 지내는지 보려고요."

정식이가 더듬더듬 말을 내뱉자 아줌마는 여전히 차가운 목소리로 말했다.

"잘 지내고 있어."

"어디서 잘 지내는데요?"

꽃비가 똑부러지게 물었다.

"나도 몰라."

"헉! 모른다고요? 아줌마한테 맡겼잖아요. 보살펴 준다고 했잖아요."

"응. 하지만 어디로 갔는지 몰라. 나가 줄래? 나 일해야 해."

선 캡 아줌마의 냉랭한 반응에 우리는 어이가 없었다. 아줌마는 삽을 들고 철장 안으로 들어갔다.

"안 돼요!"

영은이가 갑자기 비명을 질렀다. 무서운 상상이라도 했는지 눈도 질끈 감고 있었다.

우리 모두 깜짝 놀랐다. 아줌마도 잠시 주춤하며 뒤돌아 영은이를 바라봤다.

"혹시 그 삽으로……."

영은이는 무슨 상상을 한 걸까? 잠시 주춤했던 아줌마가 대수롭지 않게 여기며 작업을 하기 시작했다. 개집에 들어가 삽으로 개똥을 긁어모아 한쪽의 톱밥 더미에 묻었다.

검둥이 한 마리가 펄쩍 뛰어올라 아줌마에게 달려들었지만 아줌마는 눈길 하나 주지 않고 개똥을 치우기 시작했다.

08 ▶
꽃비와 마대기의 뉴스 전쟁

그날 밤 꽃비가 올린 뉴스는 역시나 유기견 보호소에 관한 것이었다.

꽃비 채널 뉴스
"이제는 유기견 보호소가 어디인지를 밝힐 때가 온 것 같습니다. 얼마 전 보호소에 맡겼던 버려진 강아지가 궁금해서 그곳을 찾아가 봤는데요. 강아지의 행방이 묘연해졌습니다.
보호소의 소장은 병원에 보냈다는 둥, 또 새로운 가족을 만났다는 둥 횡설수설합니다. 그러면서도 어디에 맡겼는지 물으면 잘

꽃비 뉴스

위험한 유기견 보호소

모른다고 합니다. 정말 새 주인을 만난 건지, 안락사를 당한 건 아닌지 의심스럽습니다. 그곳은 동물들의 오물과 악취로 가득합니다. 청소도 제대로 안 되어 있어 상태가 심각합니다. 개들은 질병에 걸려 있고 산책 한 번 못 한 채 철장에 갇혀 있습니다. 우리가 믿고 맡긴 유기견 보호소의 실태가 이러합니다."

꽃비는 며칠 후에 또 유기견 보호소

에 관한 뉴스를 전달했다.

꽃비 채널 뉴스
"요즘 야생 동물 때문에 생기는 전염병으로 난리입니다.
우리 마을은 산이 있어 야생 동물을 종종 만나기도 하는데요, 가끔 고라니, 멧돼지, 들고양이를 보았다는 어른들이 있습니다. 이런 마을에 개 농장까지 있다면 어떻게 될까요? 비위생적인 관리로 해충이 들끓고, 개들에게 피부병이 전염될 염려도 있습니다. 호주의 한 어린이는 개나 고양이 기생충 때문에 걸리는 톡사스카리스라는 질병으로 눈이 멀기도 했답니다. 정말 무섭습니다."

나와 정식이는 꽃비 뉴스를 시청하다가 뜨악하여 서로 마주 보았다.

"분명 가짜도 섞여 있고 부풀려져 있어."

"맞아. 나도 그 말이 하고 싶었어."

정식이가 내 말에 맞장구를 쳐 주었다. 이렇게 빨리 반응을 보인 적은 없었다.

"또 모든 시설과 환경이 좋은 건 아니었지만 그렇다고 엉망도 아니었어. 개똥도 쌓여 있지 않고 청소도 되어 있었어. 하지만 우리가 맡긴 길멍이에 대해 어디로 갔는지 모른다고 무책임하게 말하는 건 이해할 수 없었어."

정식이는 합리적인 의문점들을 제시했다. 나도 고개를 끄덕였다.

"꽃비는 확인되지 않은 사실들을 섞어 부정적인 방향으로만 뉴스를 전한 것 같아."

이번에는 대기의 뉴스 채널로 들어가 보았다.

대기는 족제비 주의령에 관한 뉴스를 연속으로 내보내고 있었다.

마대기 뉴스 채널
"요즘 '족제비 주의령' 외에도 야생 동물의 위협에 대해 계속 뉴스를 전했는데요.

이번에는 산에 있던 야생 고양이들이 떼를 지어 다니며 밤마다 마을 사람들을 위협하고 있다는 소식입니다.

그래서 지구 방위대 아빠들이 밤마다 마을을 지키며 행인들을 보호하고 있는데요.

이런 야생 동물 때문에 요즘 알레르기 질병 환자가 늘어나고 있다고 합니다.

그 피해자를 만나 보겠습니다."

대기 옆에는 또 상수가 앉아 있었다.
"헉, 상수잖아. 이번에는 고양이야?"
내가 어이없어 소리쳤다. 그러자 정식이가 대꾸했다.
"알레르기가 생겼나 보지."

나는 평소에 상수가 가려움증이 있었는지를 떠올려 보았다. 팔의 접힌 부분을 자주 긁적거리긴 했던 것 같았다. 원래 알레르기가 있었던 것 같은데 그것이 들고양이 때문이었나?

상수는 고양이 때문에 피부병을 얻게 됐다며 피해 사례를 늘어놓았다.

상수 : "며칠 전 길을 가는데 꼬리 잘린 고양이가 길을 막고 있어서 무서워서 혼났어요.
저는 고양이를 무서워하거든요. 특히 야생 고양이들은 난폭하죠.
저를 노려보는데 어찌나 무섭던지. 그래서 고양이 곁을 살금살금 지나려는데 고양이가 피부병이 있는지 목을 마구 긁어 대며 저를 공격했어요.
그 뒤로 알레르기가 생겼어요. 저는 원래 이런 피부병은 없었거든요."

상수가 태연스레 거짓말을 했다. 나는 갑자기 분노가 일어났다.

"말도 안 돼. 꼬리 잘린 고양이는 선 캡 아줌마네 고양이 아냐? 나도 여러 번 만났는데 한 번도 사람에게 해코지를 한 적이 없어. 오히려 그 고양이가 사람들을 슬금슬금 피해 다니던데. 상수 피부병이 그 고양이 때문이라는 건 거짓 뉴스야."

상수는 족제비 사건 이후로 동물 혐오가 생겼는지 대기의 뉴스에 자주 나왔다.

나는 진실 노트를 꺼냈다.
"온통 거짓뿐이야."

나는 대기와 상수에게 옐로 카드를 내밀 듯 두 사람의 행적을 내 진실 노트에 적어 놓았다.

"어, 그게…… 곽 여행권이 아이들을 망쳐 놓고 있어."

늙은 거북 같은 정식이가 길게 한숨을 내쉬었다. 나는 또 씩씩거리며 말했다. 보나마나 눈은 빨개졌을 것이다.

"내일 학교 가서 따져야겠어."

그러자 정식이는 느닷없이 우리가 팩트 체크를 해 보자고 했다.

"우리도 뉴스 채널을 만들어야겠는걸."

09
무조건 미담, 무조건 악담

그러던 중 학교에 놀라운 일이 벌어졌다.

학교에 나타났던 족제비 때문에 여기저기에 포획 틀을 설치해 놓았는데 그곳에 족제비 한 마리가 걸려든 것이다. 학교는 텔레비전 방송에까지 나왔다. 동물 전문가가 나와 포획 틀에 잡힌 족제비를 야생으로 돌려보내는 방송을 찍어 간 것이다.

방송국에서는 마대기를 주인공으로 하여 야생으로 족제비를 돌려보내는 연출을 그럴듯하게 해 보였다. 졸지에 대기는 드라마 주인공 같은 훈훈한 모습으로 방송에 나왔다. 학교에 나타난 족제비와 어느새 친구가 된 아이가 우정을 나누다 결

국 자연으로 보내느라 이별을 하는 감동적인 모습이었다.

"우아, 완전 감동이었어. 나 마대기 팬 될 것 같아."

방송을 본 영은이는 두 손을 모은 채 팬심까지 드러냈다.

마대기는 그 방송 이후로 스타가 되었다. 그러자 그때부터 마대기 뉴스가 바뀌기 시작했다.

이제까지 동물 혐오를 부추기던 대기가 이제는 동물을 사랑하는 사람으로 대변신을 한 것이다.

"헐! 이렇게 가증스러울 수가! 마대기는 왜 갑자기 바뀐 걸까?"

내 질문에 정식이가 말했다. 정식이는 역시 아림코난 작가의 추리 동화를 많이 읽더니 그럴듯한 추리를 해냈다.

"이꽃비 때문에 콘셉트를 완전히 바꾼 거지. 꽃비가 유기견 보호소에 대해 부정적인 취재를 많이 내보내니까, 대기는 반대로 유기견 보호소의 미담을 뉴스로 내보내는 것 같아."

"미담이냐, 악담이냐. 둘의 대결이군. 흥!"

마대기의 비판 의식은 싹 사라졌다. 갈 곳 없는 개들을 유기견 보호소가 얼마나 잘 돌보는지, 그들이 얼마나 힘들게 봉사를 하는지 다루었다. 문제는 대기가 선 캡 아줌마에 대해 무조건 미담만을 퍼뜨린다는 사실이다.

마대기 뉴스 채널

"우리 마을 유기견 쉼터에서 동물 학대가 벌어지고 있다는 것은 완전히 가짜 뉴스였습니다.
제가 취재한 결과 유기견 보호소는 버려진 개들을 지켜 주고 새 주인을 만나게 해 주는 역할을 하고 있는데요. 우리 마을의 쉼터 역시, 주인은 자신의 돈으로 병든 개를 치료하느라 요즘 생계가 어려운 지경이랍니다."

마대기와 이꽃비는 경쟁적으로 뉴스를 내보냈다. 한쪽은 비판, 한쪽은 미담. 그에 따라 우리 반도 둘로 쪼개졌다. 뉴스의 진실보다 이제는 '좋은 사람', '나쁜 사람'으로 갈리었다.

"선 캡 아줌마는 나쁜 사람이야."

"아니야! 선 캡 아줌마는 좋은 분이야. 너야말로 가짜 뉴스 그만하시지."

그러자 영은이가 중간에 끼어들어 버럭 화를 냈다.

"아, 진짜! 도대체 어떤 뉴스가 진짜야?"

그러면서 갑자기 점을 쳐 보자고 했다.

"안 되겠어. 동전점으로 알아봐야겠어. 숫자가 나오면 꽃비 뉴스가 진짜고 이순신 장군이 나오면 대기 뉴스가 진짜다."

와글와글 몰려 있던 반 아이들은 호기심 어린 눈으로 영은이의 동전점을 지켜보았다.

영은이는 백 원짜리 동전을 허공으로 빙그르르 돌려 던져 양손으로 맞잡아 동전점을 쳤다.

숫자 100이 나오자 꽃비 편을 들던 아이들이 소리를 질렀다.

"우아! 역시 꽃비 뉴스가 진짜였어."

그러자 지고는 못 사는 마대기가 나뭇잎 점을 쳐 보자고 했다.

영은이가 화단에서 사철나무 가지 하나를 꺾어 와 나뭇잎 점을 치기 시작했다. 초록 물방울 같은 작은 사철나무 잎을 하나하나 똑똑 떼어 내면서 좋은 사람, 나쁜 사람을 외쳤다. 그런데 마지막 이파리가 '좋은 사람'으로 나왔다. 그러자 대기 편에 섰던 아이들이 즉석 모금 운동을 제안하기도 했다.

"선 캡 아줌마를 도와주자!"

아이들은 모금을 하고 사료를 사서 선 캡 아줌마네 집으로 보내자며 냄비처럼 들끓었다.

이런 상황을 지켜보던 정식이가 어이없는지 고개를 절레절레 흔들었다. 나도 이런 상황이 점점 이해하기 힘들었다.

꽃비 채널 뉴스는 계속 이어졌다. 이젠 하다 하다 유기견 보호소 주인이 '애니멀 호더'라는 충격적인 뉴스까지 내보냈다.

꽃비 채널 뉴스

"정말 놀랍지 않습니까? 애니멀 호더.
애니멀 호더는 동물을 취미 삼아 수집하고 기르는 병적 행동을 하는 사람을 말하는데요……."

꽃비는 인터뷰할 사람까지 곁에 앉혀 두고 뉴스를 진행했다. 신분을 드러낼 수가 없으니 얼굴에 가면을 씌우고 인터뷰를 했다. 배추 가면을 쓴 여자가 꽃비와 대화를 이어 나갔다.

배추 : "제가 분명히 봤어요. 그 집 다락방 창문에서 수없이 많은 까치 떼가 쏟아져 나오는 모습을요. 그 집 뒤가 산인데 왜 까치를 집안에 가둬 두는지 모르겠어요. 수집하는 게 아닐까 생각했지요."

꽃비 : "이전에도 그 집에서 고양이 스무 마리 정도가 그 아줌마랑 나오는 것을 봤다고 하셨죠?
비위생적인 환경에 많은 동물을 가둬 두는 사람이 정상적인 사람은 아니지요."

"저 배추 가면 쓴 사람 꽃비 엄마 같지 않아?"
내 질문에 정식이도 고개를 끄덕였다.
"음……, 이해할 수가 없어. 꽃비가 저렇게 허술한 음모를 꾸미는 게."
항상 똑부러지고 매사에 완벽한 꽃비가 이제는 막무가내로 뉴스를 내보내기 시작했다.
"어……, 내 생각에는 거짓 뉴스를 만들어 내면서 자신이 믿고 싶은 것만 믿는 병적인 증세가 온 거 같아."
나는 핵심을 콕 찌르는 정식이에게 존경의 눈빛을 보냈다.
그런데 꽃비의 가짜 뉴스는 졸지에 한 사람을 혐오의 대상으로 낙인찍어 놓았다. 당장 엄마부터 그런 반응을 보였다.
"꽃비 뉴스 진짜니? 세상에! 그 여자 만날 얼굴 가리고 다녀 이상하다 했더니! 별난 취미가 있다며? 동물이 우표야? 수집을 하게. 기가 막혀."

엄마 말을 듣던 나는 소리를 꽥 질렀다.

"엄마, 그거 아니라고! 왜 가짜 뉴스를 믿냐고!"

"가짜라니? 그 집에서 까치 떼가 우르르 나오고 개들 수십 마리가 엉킨 채 갇혀 있다며?"

"엄마, 그게……, 좀 악의적인 뉴스가 섞였어."

정식이 말에도 엄마는 여전히 선 캡 아줌마를 이상한 여자 취급하는 게 분명했다.

"와, 어떻게 뉴스 하나로 한 사람의 인격을 완전히 죽여 버릴까? 말도 안 돼."

내가 흥분하여 크게 말하자 정식이가 깜짝 놀랐다.

"채진실. 흥분 좀 가라앉혀. 5초 뒤엔 눈 빨개진 토끼가 되게 생겼어."

정식이 말에 나는 마음을 가라앉히며 말했다.

"문제는 우리 반 아이들에게도 있어. 유기견 보호소의 문제점을 정확히 짚어 내기보다는 선 캡 아줌마가 좋은 사람이냐 나쁜 사람이냐, 이런 식으로 답을 미리 정해 놓고 자기가 믿고

싶은 것만 믿는 거야! 이건 답정너 심리야."

"답정너? 답은 정해져 있고 너는 그렇다고 대답하면 된다는 말이군. 오! 채진실. 빙고!"

꽃비의 '애니멀 호더'에 관한 뉴스가 나오고 난 뒤 우리 반 단톡방은 잠시 소란스러워졌다.

'마대기의 뉴스는 가짜 뉴스였어. 마대기는 모금했던 돈을 다시 내놓아야 해.'

'맞아. 애니멀 호더, 무섭다. 마대기는 책임지고 돈을 돌려 줘라!'

'아냐, 선 캡 아줌마는 순수한 봉사자야. 그 이름을 더럽히지 마.'

단톡방 대화를 보고 있던 정식이가 머리를 감싸쥐며 말했다.
"와, 도대체 이런 난리가 없어."
나도 정식이처럼 똑같이 머리를 움켜쥐었다.
"안 되겠어. 우리가 팩트 체크를 해야 해."
내가 씩씩거리자 정식이도 고개를 끄덕였다.

"쉽진 않겠지만……, 좋아. 팩트 폭격을 해 보는 거야. 어느 것이 진짜고 가짠지."

"좋았어! 동생아. 우리 한 번 해 보자."

내가 주먹을 쥔 채 한쪽 팔을 내밀자 정식이도 결사대 의미로 팔을 내밀어 내 팔에 척 걸쳤다.

10 진실 노트의 팩트 폭격

 드디어 내 노트가 위력을 발휘할 때가 왔다. 그동안 진실, 거짓, 구분해 놓았던 것들을 이제 하나하나 밝혀낼 것이다. 정식이가 내 진실 노트를 뒤적이며 말했다.
 "아이들은 자기가 믿고 싶은 것만 믿는 게 문제야. 우리가 거짓을 잘 걸러내 보자."
 먼저 마대기의 족제비 뉴스에 대한 것들은 비교적 밝혀내기가 쉬웠다.

> **족제비 사건에 대한 팩트 체크**
>
> Yes ■　No ■
>
> ☐ 상수가 광견병 걸린 것은 명백한 거짓.
> ☐ 족제비가 가족까지 데리고 나타났다는 기사는 컴퓨터 사진 조작.
> ☐ 고양이 때문에 피부병 걸렸다는 피해 사례 역시 거짓.

그다음은 유기견 보호소 문제다. 꽃비 말대로 유기견 보호소에서 동물 학대가 이루어지는지, 아니면 대기 뉴스에서처럼 선 캡 아줌마는 헌신적으로 봉사하는 미담의 주인공인지!

"우리 발로 직접 뛰는 수밖에 없어."

내 말에 정식이도 고개를 끄덕였다.

우리는 먼저 시청 '동물 보호과'에 가서 확인해 보았다. 선 캡 아줌마네 유기견 보호소는 시에서 운영하는 보호소가 아니었다. 개인이 자발적으로 운영하는 '유기견 쉼터'였다. 유기견 쉼터는 마당이 넓거나 환경이 갖춰진 개인이 운영하는 것으로, 순수한 자원봉사자들의 도움으로 운영되는 곳이었다.

"그래서 이름이 '유기견 보호소'가 아닌 '꽃순이 유기견 쉼터'로 되어 있었나 봐."

그리고 마을 동물병원에서 아줌마에 대한 사실을 알아냈다.

"그 아줌마 잘 알지. 어머니가 돌아가시고 나서 반려견 꽃순이에게 위로를 많이 받았대. 그런데 꽃순이마저 죽게 되자 그때부터 버려진 개들에게 관심을 가진 것 같아."

"그럼 개장사를 하는 사람이 아닌 건 확실한 거죠?"

내 질문에 의사 선생님은 껄껄 웃으며 대답했다.

"개장사를 한다고 누가 그래? 하하. 그게 거짓이라는 것은 내가 확실히 말해 줄 수 있어. 오히려 유기견 보호소들이 일정 기간 개를 돌보고 있다가 입양이 안 되면 안락사를 시키기도 하는데, 꽃순이 쉼터는 안락사 안 시키는 곳으로 유명해. 그래서 개들이 자꾸 늘어나는 거야. 지금은 30마리쯤 될걸?"

우리는 몰랐던 사실을 알게 되어 놀랐다.

"그럼 혹시…… 저희가 전에 버려진 강아지를 그 아줌마네 쉼터에 맡긴 적이 있는데 그 개의 행방을 알 수 있을까요?"

정식이가 묻자 의사 선생님이 컴퓨터에서 기록을 찾아 확인했다.

"아, 그 개는 다행히 좋은 가정으로 입양되어 갔어. 마이크로칩으로 등록도 해 두었고 며칠 전에 예방 접종도 하고 갔어.

마이크로칩이 있으면 언제든 개의 행방을 알 수 있어."

"와, 다행이다. 그런데 그 아줌마는 왜 모른다고 했을까요?"

"자세히 말하고 싶지 않았던 모양이지. 자기는 할 일을 했으니까. 무뚝뚝한 성격 때문일 수도 있고."

우리는 선 캡 아줌마에 대해 꼬치꼬치 캐물었다. 하지만 의사 선생님은 더 이상 어떤 말도 해 주지 않았다.

"그 아줌마가 선 캡으로 얼굴을 가리고 다녔던 것은 낯가림이 심해서 그랬던 거야!"

나는 대단한 사실을 알게 된 것처럼 큰 소리로 외쳤다. 그 말에 정식이도 공감하는지 고개를 끄덕였다.

유기견 보호소에 관한 팩트 체크

Yes ■ No ■

- ☐ 선 캡 아줌마는 버려진 개들을 돌봐 오다가 사설 유기견 쉼터를 하게 되었다.
- ☐ 어릴 때부터 개와 함께 살아 개들을 향한 마음은 진심이다.
- ☐ 고양이 때문에 피부병 걸렸다는 피해 사례 역시 거짓.
- ☐ 사료, 병원비 등은 자원봉사자들에게 도움을 받고 있다.
- ☐ 개를 번식시켜 돈을 받고 팔거나 동물을 학대한다는 것은 사실이 아니다.

- ☐ 개가 입양이 안 되어도 절대 안락사를 시키지 않는 유기견 보호 쉼터다.
- ☐ 다락방에서 까치 떼가 나왔다는 것은 사실이 아니다. 애니멀 호더가 아니다.
- ☐ 그 집 마당의 오래된 나무에 까치 가족이 살고 있어 까치 떼가 몰려다닌다.
- ☐ 위생 상태가 좋지 않고 개를 자주 산책시키지 않는 것은 문제점으로 지적되었다.
- ☐ 동물 보호 단체에서 꽃순이 쉼터의 문제점을 함께 보완해 나가기로 했다.

"어……, 꽃비가 왜 가짜 뉴스를 내보냈는지 알 것 같아. 꽃비와 꽃비 엄마는 확실한 목표가 있었어. 개를 싫어하는 꽃비 엄마는 유기견 쉼터를 없애고 싶었던 거야."

정식이의 추론은 타당하다. 나도 지금까지의 조사를 바탕으로 내 생각을 말했다.

"그렇다고 대기의 미담 뉴스도 다 진실은 아니야. 특히 선캡 아줌마가 자기의 돈을 써 가며 수십 마리의 병든 개들을 수술시켰다는 것은 사실이 아닌 부풀려진 미담이었어."

나와 정식이는 팩트들을 조금씩 정리해 가기 시작했다.

11 비밀이 벗겨지다

"안 되겠어. 우리도 뉴스 채널을 만들자. 내 진실 노트의 제목을 따면 좋겠어."

나와 정식이는 뉴스 편집 방법도 잘 모른다. 학교에서 친구들과 팀을 만들어 동영상을 제작해 본 적은 있지만 나와 정식이는 주로 구경만 했다. 하지만 도전해 보기로 했다.

뉴스 채널의 제목은 〈진실 노트〉로 정했다.

부제는 '진실을 가려라! 우리 마을 뉴스 팩트 폭격'

나와 정식이는 어떤 콘셉트로 방송을 할지 아이디어를 냈다. 드디어 첫 방송 날, 우리는 핸드폰을 거치대에 올려놓고 영상 기능을 이용해 촬영을 했다.

　　진실 : "안녕하세요.
　　　　　채진실, 채정식의 진실 노트입니다."

　　정식 : "어, 그게…… 저희는 이제부터…… 우리 마을 뉴스에 대
　　　　　해 팩트 폭격을 하겠습니다.
　　　　　지, 진…… 진실을 밝히겠다는 건데요."

　　진실 : "우선 친구들이 올렸던 기사 중에 논란이 많았던 것들을
　　　　　찾아 하나하나 팩트 체크를 해 보는 방송인데요.
　　　　　진실과 거짓을 가려 그대로 알려 드리겠습니다."

　　나와 정식이는 그동안 밝혀낸 것들에 대해 대화를 나누듯 차근차근 뉴스로 전달했다.
　　우리의 '진실 노트' 방송은 매우 어색하게 진행이 됐다. 특히 정식이의 한 박자 늦는 답답한 진행 때문에 정지 화면으로

오해받을 정도였다. 반 친구들은 정식이를 꿀 먹은 거북이라고 놀려 대기도 했다.

하지만 반응은 상당히 좋았다. 왜냐하면 가짜 뉴스에 대한 팩트 체크였기 때문이다.

우리의 뉴스 방송이 3회에 걸쳐 나갔다. 그러자 영은이가 우리 반 대변인이라도 된 듯 마대기와 이꽃비에게 가짜 뉴스에 대해 따졌다. 상수가 이런 영은이를 비꼬았다.

"너도 가짜 뉴스를 즐겼잖아. 갑자기 왜 그러셔?"

"그러는 너는?"

영은이와 상수가 한바탕 붙을 기세였다. 나는 재빨리 나서서 진지하게 말했다.

"이꽃비와 마대기는 왜 그런 가짜 뉴스를 내보냈는지 이야기해 주면 좋겠어. 너희들 솔직히 말해 봐. 괌 여행권이 그렇게 탐났니?"

그러자 꽃비가 머뭇거리다가 입을 열었다. 평소 따따따 말을 퍼붓던 것과는 사뭇 다른 차분한 말투였다.

"나는 솔직히 개를 그다지 좋아하지 않아. 우리 엄마도 개를 싫어해. 그런데 마을에 유기견 쉼터가 있으니 싫었어. 특히 엄마가 개를 지독히 싫어하니까 나도 같이 싫어하게 되더라. 괌 여행권은 그다지 관심 없어. 다만 그 집에서 풍기는 개 비린내가 너무 역겨웠어. 청결하게만 해 준다면 나는 뉴스를 더 이상 안 내보낼 수도 있어."

내가 이번에는 대기에게 물었다.

"마대기, 조회 수 때문인 거니? 아니면 괌 여행권 때문이니? 뭐가 됐든 진실하게 뉴스를 만들어야 하는 거 아니니?"

그러자 대기가 뒷머리를 긁적이며 말했다.

"나도 솔직하게 말할게. 나는 뉴스를 전한다는 사명감 같은 건 없어. 그저 사람들이 재밌어하고 내가 어떤 뉴스를 어떻게 전하느냐에 따라 사람들의 생각도 이리저리 움직이는 게 눈에 보이니까 기분 좋고 우쭐했어. 꼭 게임을 조종하는 거 같았거든. 가짜면 어때? 재밌으면 된 거 아니야? 내가 어른도 아니고."

그러자 꽃비가 작은 눈으로 째려보며 톡 쏘아붙였다.

"마대기! 그럴 거면 차라리 뉴스를 하지 말고 다른 걸 만들어."

"그렇다고 다 거짓은 아니었다고! 나도 진짜 뉴스를 전한 적도 많다고. 그건 너희들도 알잖아."

하긴 대기의 뉴스가 다 거짓은 아니었다. 올바르게 잘 전한 것도 있긴 하다. 그렇다고 해서 가짜 뉴스가 용서되는 것은 아니다.

그때 정식이가 또 느리고 답답한 말투로 자신의 생각을 전했다.

"어, 저기…… 내 생각에는 너희가 내보낸 잘못된 뉴스에 대해 정식으로 사과하면 좋겠어. 어른들은 가짜 뉴스를 내보내고도 끝까지 사과 안 하잖아. 우린 그러지 말자."

그 말에 상수가 코웃음을 쳤다.

"흐흐, 웃기고 있네. 그런다고 가짜 뉴스가 사라지니? 채정식 제발 고리타분하게 굴지 마. 진지한 척하기는! 나는 너만 보면 고구마 먹은 것처럼 답답하거든."

내 쌍둥이 동생 정식이는 가끔 너무 진지하게 굴어서 아이들이 싫어할 때도 있다. 하지만 정식이가 틀린 말을 한 적은 없다.

그때 꽃비가 말했다.

"알았어. 나는 정식으로 사과할게."

하지만 대기는 끝까지 사과 이야기는 하지 않았다.

꽃비는 약속대로 자신이 잘못 전달한 것들에 대해 자신의 뉴스 채널을 통해 사과했다.

꽃비 채널 뉴스

"사실과 다르게 내보낸 뉴스들에 대해 진심으로 사과합니다. 앞으로 저는 바른 뉴스를 전하도록 노력하겠습니다. '어린이'라는 명예로운 이름을 걸고요!"

12 진실의 입 담장

꽃비가 사과를 했지만 나는 이대로는 안 되겠다는 생각이 들었다. 그러던 중 정식이가 뜻밖의 제안을 했다.

"어…… 그게, 우리 진짜 뉴스 챌린지를 해 보면 어떨까?"

"그게 무슨 소리야?"

내 질문에 정식이는 자신이 계획한 것을 이야기했다.

"우리 반 아이들 15명이 1분짜리 진짜 뉴스를 올리는 거야. 거짓말 하나 섞이지 않은 진짜 뉴스."

챌린지는 '도전'이라는 뜻이다. 어떤 목적을 달성하기 위해 노력하는 의지를 담은 것을 말한다. 가짜 뉴스만 넘쳐나는 세상에 경종을 울려, 진실한 세상으로 만들기 위한 도전이라고 나 할까. 나는 정식이의 아이디어에 박수를 쳐 주었다.

"와, 좋은 생각이야. 짤막한 1분짜리 뉴스를 만들되 진짜 뉴스만을 전하는 캠페인을 벌여 보자."

"그런데…… 우리 반 아이들이 참여를 할까?"

정식이가 고개를 갸웃대며 자신 없는 투로 말했다.

"내가 적극적으로 홍보해 볼게. 이제껏 양쪽으로 갈려 자기가 믿고 싶은 뉴스만 믿으니 진흙탕이잖아."

나는 진심으로 진흙탕을 새 물결로 바꿔 보고 싶었다. 요즘 정말 말도 안 되는 가짜 뉴스가 판을 쳐서 진짜 뉴스 찾기가 힘들 정도 아닌가.

"내일 당장 반 아이들에게 정식으로 건의해 볼게."

나는 의욕에 넘쳐 목소리가 조금 커졌다. 어쩌면 내 눈은 그새 빨개졌는지도 모른다. 이번엔 화가 나서가 아니라 감동을 해서.

다음 날 나는 학급 회의 시간에 정식이가 말한 '진짜 뉴스 챌린지'에 대한 건의를 했다.

다행히 무관심한 아이들 몇 명을 제외한 대부분의 아이들이 챌린지에 동참하기로 했다. 특히 마대기와 이꽃비가 적극적으로 찬성을 한 것이 의외의 성과였다.

두 사람은 우리의 '진실 노트' 채널에 대해 탐탁지 않아 하던 아이들이었다. 자신들이 올린 뉴스를 가짜라고 지적하니 좋아할 리 없었다. 그런데 우리의 제안에 적극적으로 찬성을 해 준 것이다.

"고마워. 마대기와 이꽃비."

우리는 어떻게 할지 의견을 모았다. 한 달 동안 진짜 뉴스 챌린지를 하기로 했고, 순서는 제비뽑기로 정하기로 했다. 또 동영상 촬영은 마대기가 담당하고 편집은 이꽃비와 주영은이 하기로 했다. 나와 정식이는 총감독이랄까?

뉴스를 전하는 장소에 대해 영은이가 아이디어를 냈다.

"챌린지니까 뭔가 우리만의 특별한 장소나 방법이 있었으면 해. 우리는 가짜 뉴스를 없애기 위해 이런 챌린지를 하는 거잖아. 그러니까 예를 들면 외국의 어느 유명 관광지처럼 진실의 입을 만드는 거야!"

영은이의 제안에 아이들이 귀를 쫑긋 세웠다. '진실의 입'이

무엇인지 알 수가 없었기 때문이다. 영은이는 콧등으로 내려온 안경을 밀어 올리며 말했다.

"내가 작년에 엄마랑 유럽으로 여행을 갔는데 이탈리아 로마에 '진실의 입'이라는 관광지가 있었어. 오래 전에는 하수구였던 곳이라는데, '로마의 휴일'이라는 옛날 영화에 나왔던 장소라 더 유명해진 거야."

영은이 말에 의하면 '진실의 입'이라는 곳은 신의 얼굴을 새긴 원형 석판으로, 그 입에 손을 넣고 거짓을 말하면 손목이 잘린다는 전설이 있는 곳이라고 했다.

"우리도 그런 진실의 입을 만드는 거야. 진실의 입에 손을 넣고 진짜 뉴스를 전하는 거지. 조심해야 할 것은 가짜 뉴스를 전하는 아이는 손목이 잘릴 수 있다는 사실! 호호호."

반 아이들은 모두 '대박'을 외쳤다. 아이디어가 무척 재밌는데다 의미도 좋기 때문이다. 그때 상수가 어린애처럼 깡충깡충 뛰면서 의견을 냈다.

"진실의 입으로 쓰기에 딱 맞는 좋은 장소를 알고 있어. 우리 학교 담장 아래쪽에 구멍 뚫린 것 알지? 그곳을 진실의 입으로 만들자."

아이들의 아이디어가 하나하나 모아졌다. 여자아이들은 담장 구멍을 입 모양처럼 그림으로 꾸몄다. 그러자 교장 선생님이 이 사실을 알고 당장 밖으로 나와 담장을 살폈다.

교장 선생님은 진실의 입에 얼굴을 대고 구멍 안을 5분쯤 살폈다. 엉덩이를 쑥 뺀 모습이 웃겨 아이들이 킥킥 웃어 댔다.

"이런 세상에! 담장에 개구멍이 생겼다니. 안전에 심각한 문제가 생겼어요. 당장 벽을 메꾸는 공사를 해야 해요."

하지만 부모님들은 아이들의 진짜 뉴스 챌린지가 끝날 때까지 벽을 그대로 둬 달라고 요청했다.

13 ▶
진짜 뉴스 챌린지

 진짜 뉴스 챌린지의 순서를 제비뽑기로 정했는데 내가 1번이 되었다. 정식이는 맨 마지막 15번이었다. 우리는 자신의 순서가 돌아오면 어떻게든 뉴스거리를 찾아서 오기로 했다.

 30일 동안 뉴스 챌린지를 하기로 했으니 이틀에 한 번씩은 뉴스를 올려야 한다. 찍은 뉴스는 다음 날 업로드하는 방식이었다.

 드디어 진짜 뉴스 챌린지의 첫 주자인 내가 테이프를 끊게 되었다. 나는 진실의 입에 손을 넣고 진짜 뉴스를 전해야 했다. 몸을 굽혀 담장 구멍에 조심스레 손을 넣어 보았다. 아이들이 빙

둘러서서 핸드폰 카메라로 나를 찍어 대며 한마디씩 던졌다.

"채진실. 진짜 뉴스 확실한 거지?"

"가짜면 진실의 입이 네 손을 콱 물어 버릴 거야."

"첫 주자가 잘해야 챌린지가 끝까지 잘 갈 수 있어."

이제 나는 진실의 입이 되어 진짜 뉴스를 전할 시간이 온 것이다.

"진실의 입에 손을 넣으니 정말 진실해진다. 진실의 입이 되었으니 첫 번째 뉴스를 전해 볼게."

반 아이들이 응원을 보냈다. 나는 심호흡을 한 뒤 진실한 마음으로 시작했다.

"진짜 뉴스 챌린지 1번 채진실입니다. 제가 전할 뉴스는 우리 마을에 관한 뉴스입니다.

지난달에 열렸던 불우이웃 돕기 플리 마켓의 수익금을 어디에 쓸지 마을 어른들이 논의를 했는데요. 수익금을 꽃순이 유기견 쉼터에 보내기로 했답니다. 그동안 유기견 쉼터에 대해 오해와 갈등이 있었는데요. 유기견 쉼터의 개들을 위해 보람되게 쓰기로 했답니다."

나는 직접 취재한 진짜 뉴스를 전했다. 우리가 이런 챌린지를 벌이게 된 것이 유기견 보호소에 대한 뉴스 때문이므로 첫 뉴스로 어울렸다.

어른들은 우리들이 왜 이런 챌린지를 하게 됐는지에 관심을 갖게 되었다. 또 선 캡 아줌마에 대한 근거 없는 오해를 풀고 꽃순이 유기견 쉼터에 대해서도 관심을 갖게 되었다. 이왕이면 정기 후원을 통해 유기견 쉼터가 더욱 청결하고 올바르게 운영되도록 하자는 데에 의견이 모아진 것이다.

정식이는 내가 취재한 뉴스에 대해 칭찬을 많이 해 주었다.

"진실 노트의 주인답게 채진실! 1번 뉴스 아주 좋았어."

나는 정식이 칭찬에 어깨가 쑥 올라갔다.

"어, 저기…… 나도 한 가지 새롭게 알아낸 게 있어. 선 캡 아줌마가 비오는 날 개 산책시키는 거 말야."

정식이가 느릿느릿 말했다.

"그걸 알아냈어?"

"응, 엄마가 98세 할머니한테 들었는데……."

정식이는 엄마한테 들은 내용을 얘기해 주었다.

"개들이 비를 진짜 싫어하는 건 맞는데, 그 누렁이는 학대받

다가 구출된 개인데 유난히 물을 좋아한대. 특이하지?"

"혹시 트라우마가 있어서 비오는 날을 좋아하는 걸까."

나와 정식이는 비밀을 벗겨 가듯 꽃순이 유기견 쉼터에 대한 오해를 하나하나 풀어 갈 수 있었다. 그리고 어느 날 그 집 앞에서 선 캡 아줌마를 만나게 되었다.

아줌마는 꼬리 잘린 고양이를 안고 집 앞에 나와 있었는데, 나와 정식이를 보더니 짧게 인사를 했다.

"너희 둘이 올린 영상을 보게 됐어. 고마워. 진실을 이야기해 줘서. 그동안 말을 안 해서 오해받을 때가 많았거든."

여전히 무뚝뚝한 말투였고 더 이상의 말은 없었다. 아줌마는 그냥 곧바로 뒤돌아 자신의 집으로 들어갔다. 나와 정식이는 얼마간 아줌마네 대문만 바라보았다.

"진실하지 못한 누군가의 입 때문에 때로는 선량한 사람이 피해를 보기도 하지."

내 말에 정식이도 느릿느릿 자신의 생각을 말했다.

"그건…… 사람만 해당되는 건 아냐. 진실하지 못한 입 때문에 괜한 동물 혐오도 생겨나지."

어쨌거나 우리 반 아이들의 진짜 뉴스 챌린지는 계속 이어졌다.

"진짜 뉴스 챌린지 2번 신지민입니다. 우리 마을 뒷산에 어린이 배드민턴 장이 있는데요. 올라가는 길이 엉망이라 불편했습니다. 그래서 아빠들이 나무 디딤 계단을 만든다고 합니다. 공사가 끝날 때까지 협조해 달라고 합니다."

"진짜 뉴스 챌린지 3번 이태민입니다. 우리 학교 급식실에 있는 정수기를 새것으로 다 바꾼다고 합니다. 이제 물을 먹을 때……."

챌린지 4번 영은이는 마을에서 가을 꽃모종을 나눠 준다는 소식을 전했다. 가짜 뉴스로 홍역을 치른 꽃비는 그동안 맛없기로 유명했던 우리 학교 급식실의 영양사 선생님이 바뀐다는 소식을 전했다. 꽃비는 또랑또랑 아주 능숙하게 뉴스를 전했다.

아이들이 올린 진짜 1분 뉴스 중 크게 흥미를 끄는 것은 없었다. 그동안 너무 가짜에 속아서인지, 진짜는 시시하게 느껴졌다. 하지만 순수 정품 뉴스였다.

다음은 마대기 차례가 다가왔다. 아이들은 그동안 가짜 뉴스를 밥먹듯 내보낸 대기가 어떤 뉴스를 올릴지 모두 궁금해했다.

"진짜 뉴스 챌린지 7번 마대기입니다. 특종입니다, 특종! 우리 마을의 유명한 신문인 천마 신문에 대해 놀라운 사실을 알려 드리겠습니다. 우리는 그곳에 올라온 기사들이 매우 유용하다고 믿는데요. 제가 알아낸 사실이 놀랍습니다. 몇몇 특정 기사들이 사실 신문사가 광고비를 받으며 업주와 짜고 올리는 광고성 기사라는 것이 밝혀졌습니다."

대기가 전한 뉴스에 의하면 흑염소의 놀라운 효능에 대한 기사가 실리면 그건 마을 흑염소 집 주인에게 광고비를 받고 흑염소의 효능에 대한 기사를 슬쩍 써 준 것이라고 했다.

대기의 진짜 뉴스가 나간 날, 그날 대기는 아빠인 천마 신문 마 국장에게 심하게 혼이 났다고 한다.

14  상식적인 뉴스의 반전 카드

 진짜 뉴스 챌린지가 거의 끝을 향해 달려갈 즈음이었다. 아이들은 언젠가부터 조금씩 흥미를 잃기 시작했다. 특히 카메라 촬영을 맡은 대기는 학원을 핑계로 더 이상 진실의 입 현장에 나오지 않았다.
 "나 학원도 가야 하고. 너희들이 알아서 각자 셀프 촬영 해."
 아이들은 할 수 없이 스스로 셀카 봉을 들고 촬영해서 꽃비에게 전해 주었다. 그러면 꽃비와 영은이가 편집을 해서 올리는 방식이었다.
 진짜 뉴스 챌린지가 꾸역꾸역 이어지자, 마을 어른들은 고맙

게도 끝까지 관심을 가져 주었다. 아이들이 왜 이런 챌린지를 하는지 이해했고, 또 어른들 세상에 있던 가짜 뉴스가 이젠 아이들에게도 스며들었다는 것을 심각하게 받아들이게 되었다.

이제 진짜 뉴스 챌린지는 상수와 정식이 둘만을 남겨 놓고 있었다. 상수는 성의 없이 뉴스를 만들어 올려 아이들에게 비난을 받았다. 내일은 비가 올 거라는 10초 분량의 날씨 뉴스였다.

"내일은 비가 올 확률이 60퍼센트라고 합니다. 비가 안 왔다고 가짜 뉴스로 오해하지 마세요. 기상청에 있는 우리 삼촌한테 제가 취재한 사실입니다. 비올 확률 60퍼센트. 진짜입니다."

조금 어이가 없었지만 그래도 자신의 차례를 지킨 것에 점수를 주기로 했다.

항상 올바른 소리를 하는 정식이는 과연 어떤 진짜 뉴스를 전할까. 사실 쌍둥이인 나도 정식이의 뉴스가 궁금했다.

"뭐 준비했어?"

내가 물어도 정식이는 알려 주지 않았다. 뭔가 바쁘게 조사하고 취재하는 것만은 분명했다.

드디어 정식이의 마지막 뉴스 챌린지가 시작되었다. 정식이는 카메라 울렁증이 있다면서 아이들 앞에서 하는 게 두렵다고 했다.

"뭐가 두려워. 지난번 나랑 뉴스 팩트 폭격도 세 번 해 봤잖아. 다른 애들도 다 했는데."

나는 제법 누나처럼 정식이를 다독여 주었다.

"어, 그게……. 평소에 말도 느린 데다, 카메라로 찍어서 뉴스로 올리고 나면 우리 마을 사람들이 다 볼 거를 생각하니 좀 떨리네."

"걱정 마. 네 말이 느려 터져서 답답하면 꽃비가 2배 배속으로 속도를 조절하지 않을까."

나는 정식이를 골려 먹었다. 정식이는 하루 종일 제 방에서 문을 닫고 뉴스 연습을 하는 것 같았다. 나는 픽 웃음이 터졌다.

정식이는 진실의 입 앞에서 뉴스를 촬영할 때 내가 도와주겠다고 했는데도 극구 마다하며 셀카 봉을 들고 혼자 몰래 다녀왔다.

"무슨 특종이라도 전한 거야? 뭘 그리 비밀스럽게."

나는 괜히 심술이 나기도 했다.

정식이가 찍은 영상이 이꽃비와 주영은의 편집을 거쳐 드디어 업로드되었다.

"진짜 뉴스 챌린지 15번 채정식입니다. 저는 과학 뉴스를 전하겠습니다. 우리 마을 은행과 우체국에서 상담을 해 주는 직원 대신 이제 가상 인간을 둔다고 합니다. 은행에서 근무하는 우리 아빠가 취재에 도움을 주셨는데요. 서울에 있는 다른 은행 중에는 이미 AI, 즉 가상 인간을 둔 곳이 있다고 합니다. 은행에 있는 가상 인간이 궁금하면 10월에 우리 마을 케이 은행에 가 보면 된다고 합니다."

은행에서도 가상 인간이 근무하게 될 거라는 정식이의 뉴스는 정말 흥미로웠다. 며칠 간 아빠랑 속닥대더니 어느새 정보를 수집해 뉴스로 전한 것이다.

반 아이들은 평소 답답한 말투의 정식이가 또박또박 말하는 것을 보고 모두 놀랐다. 나도 정식이를 한껏 칭찬해 주었다.

"채정식, 아주 제법인데? 게다가 얼마나 연습을 한 거야? 답답한 고구마가 말도 또박또박, 틀린 곳 한 군데 없이 완벽하게 뉴스를 전하다니, 정말 놀랐어."

"어 그게……, 완벽한 연습은 완벽하게 실수를 줄여 주는 법이거든."

아이들이 전한 진짜 1분 뉴스 챌린지는 마을의 화제가 되었다. 우리 반 모든 아이들이 참여했으니 당연히 부모님들의 관심도 최고였다. 최고 조회 수를 기록했고 괌 여행권도 우리 반이 받았다.

"괌 여행권을 어떻게 사용할지는 논의해 보자."

내가 반 아이들에게 제안했다. 그날 학급 회의가 긴급으로 열렸고, 결국 천마 신문에 다시 기부를 해서 뜻깊은 곳에 쓰기로 결정했다.

대기네 아빠는 천마 신문 창간 3주년 기념일에 우리 반 친구들을 마을 중국집인 홍미관으로 초대했다. 아이들은 고급스러운 홍미관에서 와글와글 떠들며 짜장면과 탕수육을 실컷 먹었다. 모처럼 흐뭇한 날이었다.

그런데 그날 밤이었다.

우리 반 단톡방에 상수가 메시지를 남겼다. 자신이 뉴스 채널을 만들었으니 다들 와 보라는 초대장이었다. 구독도 해 달라며 굽신대는 이모티콘을 팡팡 날렸다.

"상수가 어쩐 일일까? 뉴스 채널까지 만들고. 마대기가 요즘 뉴스에 시들해지니 상수가 시작이네."

나와 정식이는 상수가 보낸 링크로 들어가 보았다. 상수가 올린 첫 뉴스가 무척 궁금했다.

상수의 상식적인 뉴스 세상

"우리는 그동안 가짜 뉴스 때문에 반 친구들끼리 갈등했는데요. 내 편 네 편 갈라져 싸우면서 자신이 믿고 싶은 것만 믿었습니다. 그리하여 시작한 것이 바로 '진짜 1분 뉴스 챌린지'였습니다. 우리 반 열다섯 명이 모두 진실의 입에 손을 넣고 진짜 뉴스를 전하면서 흙탕물이 된 세상에 경종을 울렸습니다."

"상수가 제법인데."

나는 생각보다 의젓한 상수 태도에 놀랐다. 그건 정식이도 마찬가지였다.

"진짜 뉴스 챌린지는 성의 없는 날씨 예보 10초로 끝이었잖아."

상수는 우리 반 친구들이 '진짜 1분 뉴스 챌린지'를 무사히 잘 끝냈다는 소식을 전했다. 발음도 또렷하고 태도도 진지했다. 마대기 방송에 나와 허풍 떨고 장난으로 키득거리던 상수 모습은 없었다.

"근데 뭐 특별한 것은 없는 것 같아. 그저 그런 내용 같지?"

내가 하품을 하며 중간에 영상을 꺼 버리려 하자 정식이가 내 팔을 꽉 붙잡았다.

"악! 왜 이렇게 꽉 잡아?"

정식이 손아귀 힘이 너무 세서 내가 잠시 짜증을 냈다. 그때 나를 보는 정식이 눈이 묘하게 빛났다. 정식이는 자신의 입술에 손가락을 대며 '쉿!' 소리를 냈다. 계속 영상을 보라는 거다. 나는 얼떨결에 다시 영상을 보았다.

"그런데 놀라운 사실이 밝혀졌습니다. 15개의 뉴스를 전한 주인공 중에 사람이 아닌 AI가 끼어 있다고 합니다.

처음 시작할 땐 영상 촬영을 맡은 책임자가 있었는데 모두 바

빠서 나중에는 셀프 촬영을 했습니다. 그런데 AI로 조작된 영상이 있다는 놀라운 소식입니다.

다들 진짜 뉴스를 전하겠다는 도전으로 창피하지만 어버버 하며 뉴스를 전했는데요.

우리 친구들을 감쪽같이 속이고 AI를 이용해 혼자만 멋지게 뉴스를 전한 아이가 있다니 정말 충격입니다.

이게 우리가 처음 약속했던 진짜 뉴스일까요?

이것으로 뉴스를 마치겠습니다."

나와 정식이는 상수의 뉴스를 보고 뜨악한 표정으로 서로를 바라보았다.

"이거 뭐야? 팩트야?"

내 말에 정식이가 우는 듯 웃는 듯 묘한 표정을 지었다.

"혹시…… AI 앵커가 너야?"

"채진실! 지금 가짜 뉴스 믿는 거야? 난 아니야."

정식이가 정색을 하며 말했다.

"그럼 누구야? 내일 학교 가면 또 누가 AI인지 서로 의심하며 시끄럽겠군."

"저걸 믿어? 저건 가짜 뉴스라고!"

정식이 말투가 평소와는 달리 무척 빨랐다. 톤도 높았다. 평소의 늙은 거북 정식이가 아니었다.

"채정식, 근데 너 왜 이렇게 말이 빨라졌어? 내 앞에 있는 너! 혹시 AI야?"

나는 무슨 마법에 걸린 것처럼 쌍둥이 동생 정식이를 수상히 여겼다.

"채진실, 너야말로 미쳤어!"

정식이도 화를 벌컥 냈다.

"뭐야, 도대체! 진짜 뉴스 챌린지로 가짜 뉴스를 끝내자고 했는데……. 가짜가 또 시작된 거야?"

나는 화가 나서 양손으로 책상을 '쾅!' 치며 자리에서 벌떡 일어났다.

정식이도 얼굴을 일그러뜨리며 머리를 움켜쥐었다. 가짜 뉴스와의 전쟁이 또 시작됨을 알리는 것처럼 가슴에서 둥둥둥 북소리가 났다.

작가의 말

▶ 거짓을 진실이라 우기는 세상

어린이 친구들 안녕!

제가 '가짜 뉴스'에 대한 동화책을 낸 지 3년이 되었어요. 『가짜 뉴스를 시작하겠습니다』라는 책은 가짜 뉴스의 위험성을 알리기 위해 쓴 책이었어요. 잘못되고 왜곡된 1인 미디어의 영향으로 개인을 넘어 학교, 가정, 지역 사회로 피해가 확산되기도 한다는 것을 우리 친구들은 잘 알 거예요.

그런데 이제는 가짜인 걸 알면서도 자신의 이득을 위해 교묘히 진짜로 둔갑시켜 뉴스로 내보내고, 뉴스를 접한 사람들 역시, 자신이 믿고 싶은 것만 믿으면서 상대를 혐오하기도 하고, 그것이 진실이라고 우기기도 해요. 이번 동화책『진짜 뉴스를 찾아라』는 이런 사회의 현상들에 대한 비판을 담고 있어요.

나쁜 어른들은 미디어 조작을 넘어, 이젠 진실과 양심마저 던져 버린 채 세상을 혼탁하게 만들고 있어요. 하지만 내가 만났던 많은 어린이들은 어른들보다 훨씬 진실하고 깨끗하며 뭐든 공정하게 바라보려 한다는 것을 느꼈어요.

이 책에는 다양한 어린이들이 나와요. 어린이들은 조작과 거짓으로 얼룩진 세상 속에서, 그래도 진짜를 찾아내기 위해 적극적으로 나서요. 그리고 서로 힘을 합쳐 문제를 해결해 나가고자 하지요.

1인 미디어가 활성화된 시대에, 내 말만이 진실이며, 또 내가 믿고 싶은 것만 믿겠다는 잘못된 생각에서 벗어나 객관적 사실을 가려낼 줄 아는 사람이 되면 좋겠어요. 이 동화에서도 어린이들은 타인에 대한 불신과 혐오, 갈등을 씻어 내고 '진짜 뉴스를 찾아라'라는 '30일 챌린지'를 실천한답니다. 참 멋지지 않나요?

어린이들의 이런 실천은 혼탁한 세상을 향해 경고를 던지고, 서로 간에 있었던 오해와 실수도 어루만져 주고자 노력하지요. 세상에는 빛과 소금 같은 사람들이 있어요. 이 책을 읽는 우리 어린이들도 어두운 거짓 세상을 밀어내고, 밝고 진실된 세상을 만드는 주인공들이 되길 바랍니다.

내일을여는어린이 시리즈는 주제 의식이 담긴 동화만을 엄선해 펴냅니다. 의미와 재미가 담긴 동화를 보며, 아이들이 사고력을 키우고 편견과 이기심에서 벗어나 바른 사람으로 자라나기를 바랍니다.

01 보신탕집 물결이의 비밀
개고기 먹어도 될까? 안 될까?
강다민 글 | 수리 그림 | 146쪽 | 11,000원
아침독서 추천도서

02 핵발전소의 비밀 문과 물결이
상상초월 핵발전소 이야기
강다민 글 | 강다민·조덕환 그림 | 126쪽 | 11,000원
세종도서 문학나눔 선정도서 / 아침독서 추천도서

03 행복을 파는 행운 시장
두 동네 아이들이 만들어 가는 아름다운 행복!
안민호 글 | 박민희 그림 | 132쪽 | 11,000원
우수출판콘텐츠 선정도서 / 아침독서 추천도서

04 땅에 사는 아이들
내가 사는 이 땅의 주인은 누구일까?
정세언 글 | 지혜라 그림 | 164쪽 | 11,000원
아침독서 추천도서 / 출판저널 이달의 책 선정도서
학교도서관사서협의회 추천도서

05 사라진 슬기와 꿀벌 도시
자연과 인간의 평화로운 공존을 꿈꿔요!
임어진 글 | 박묘광 그림 | 160쪽 | 11,000원
출판콘텐츠 창작지원사업 선정작 / 아침독서 추천도서
읽어주기 좋은 책 선정도서 / 한국학교사서협회 추천도서
학교도서관사서협의회 추천도서

06 동물원 친구들이 이상해
생명의 소중함과 자유와 행복의 의미를 생각해 봐요!
고수산나 글 | 정용환 그림 | 184쪽 | 11,000원
출판저널 이달의 책 선정도서 / 아침독서 추천도서
한국학교사서협회 추천도서
학교도서관사서협의회 추천도서

07 돼지는 잘못이 없어요
인간을 위해 다른 동물의 생명을 빼앗아도 되나요?
박상재 글 | 고담 그림 | 148쪽 | 11,000원
환경부 '2018년 우수환경도서' / 전국사서협회 추천도서
한국학교사서협회 추천도서 / 한국글짓기지도회 추천도서

08 개성공단 아름다운 약속
남북이 함께 만들어 간 평화의 상징,
개성공단으로 어린이 체험단이 떴다!
함영연 글 | 양정아 그림 | 134쪽 | 11,000원
한국문화예술위원회 문학 나눔 선정도서 / 아침독서 추천도서
한국학교사서협회 추천도서 / 한국글짓기지도회 추천도서

09 죽을 똥 살 똥
똥이 밥이 되고 밥이 똥이 되면 우리도 살고 자연도 살아요!
안선모 글 | 안성하 그림 | 160쪽 | 11,000원
한국학교사서협회 추천도서

10 우리들끼리 해결하면 안 될까요
친구와 다툼이 일어났을 때, 어떻게 해야 할까?
박신식 글 | 김진희 그림 | 137쪽 | 11,000원
소년한국 우수 어린이 도서 / 한국학교사서협회 추천도서
한국글짓기지도회 추천도서 / 북토큰 선정도서

11 백 년 전에 시작된 비밀
친일파, 독립운동가, 재일조선인 후손들의 우정과 역사 이야기
강다민 글·그림 | 136쪽 | 11,000원
한국문화예술위원회 문학 나눔 선정도서
읽어주기 좋은 책 선정도서 / 고래가숨쉬는도서관 추천도서
한국학교사서협회 추천도서 / 학교도서관사서협의회 추천도서

12 3.1운동, 그 가족에게 생긴 일
평범한 소녀 우정이네 가족의 삶을 바꾼 만세운동
고수산나 글 | 나수은 그림 | 133쪽 | 11,000원
고래가숨쉬는도서관 추천도서 / 한국학교사서협회 추천도서
학교도서관사서협의회 추천도서

13 나를 쫓는 천 개의 눈
CCTV와 휴대폰 카메라, 드론은 안전을 위한 것일까,
감시와 통제를 위한 것일까?
서석영 글 | 주성희 그림 | 129쪽 | 11,000원
소년한국 우수 어린이 도서 / 한국학교사서협회 추천도서
부산광역시교육청 공공도서관 추천도서
학교도서관사서협의회 추천도서

14 나와라, 봉벤져스!
마음이 움직이는 진짜 봉사와 상을 타기 위한 가짜 봉사
김윤경 글 | 김진희 그림 | 138쪽 | 11,000원
아침독서 추천도서 / 학교도서관사서협의회 추천도서
한국학교사서협회 추천도서

15 가짜 뉴스를 시작하겠습니다
가짜뉴스는 어떻게 만들어지며 퍼지고,
어떤 결과를 가지고 오게 될까?
김경옥 글 | 주성희 그림 | 140쪽 | 11,000원
세종도서 교양부문 선정도서 / 아침독서 추천도서
고래가숨쉬는도서관 추천도서 / 한국학교사서협회 추천도서
학교도서관사서협의회 추천도서 / 북토큰 선정도서

16 아홉 살 독립군, 뾰족산 금순이
실화를 바탕으로 한 만주 지역 어린이 독립군 이야기
함영연 글 | 최현지 그림 | 132쪽 | 11,000원
한국문화예술위원회 문학 나눔 선정도서
한국학교사서협회 추천도서 / 학교도서관사서협의회 추천도서
책씨앗 좋은책고르기 초등교과연계 추천도서

17 내 말 한마디
무심코 던지는 내 말은 어떤 힘이 있고 어떤 영향을 미칠까?
김경란 글 | 양정아 그림 | 132쪽 | 11,000원
한우리 열린교육 추천도서 / 소년한국 우수 어린이 도서
고래가 숨쉬는도서관 추천도서 / 경기도사서평단 추천도서
책씨앗 좋은책고르기 초등교과연계 추천도서
학교도서관사서협의회 추천도서 / 한국학교사서협회 추천도서

18 소녀 애희, 세상에 맞서다
굳은 신념을 위해 세상과 맞선 진정한 삶의 가치에 대한 고민
장세련 글 | 이정민 그림 | 137쪽 | 11,000원
한국학교사서협회 추천도서 / 학교도서관사서협의회 추천도서

19 석수장이의 마지막 고인돌
개인의 욕심을 채우려는 권력과 그 권력에 희생된 개인의 선택
함영연 글 | 주유진 그림 | 152쪽 | 12,000원
우수출판콘텐츠 선정도서 / 고래가숨쉬는도서관 추천도서
읽어주기 좋은 책 선정도서 / 한국학교사서협회 추천도서
학교도서관사서협의회 추천도서 / 한국아동문학상 수상₩

20 당신의 기억을 팔겠습니까?
인권과 자본, 민영화의 그늘을 알려 주는 동화
강다민 글 | 최도은 그림 | 144쪽 | 12,000원
출판콘텐츠 창작 지원 사업 선정도서 / 읽어주기 좋은 책 선정도서
책씨앗 좋은책고르기 초등교과연계 추천도서
학교도서관사서협의회 추천도서 / 한국학교사서협회 추천도서

21 파랑 여자 분홍 남자
나다움을 찾는 길, 성인지 감수성
김경옥 글 | 홍찬주 그림 | 144쪽 | 12,000원
책씨앗 좋은책고르기 초등교과연계 추천도서

22 여우가 된 날
붉은 여우와 사람이 함께 평화롭게 사는 세상을 위하여
신은영 글 | 채복기 그림 | 128쪽 | 12,000원
한국문화예술위원회 문학 나눔 선정도서
책씨앗 좋은책고르기 초등교과연계 추천도서

23 기후 악당
우리가 기후 악당 이라고?
박수현 글 | 박지애 그림 | 136쪽 | 12,000원
책씨앗 좋은책고르기 초등교과연계 추천도서

24 그건 장난이 아니라 혐오야!
이 세상에 당해도 되는 사람은 없어! 혐오는 나빠!
박혜숙 글 | 홍찬주 그림 | 144쪽 | 12,000원
한국학교사서협회 추천도서 / 소년한국 우수 어린이 도서

25 함경북도 만세 소녀 동풍신
함경북도 만세 소녀 동풍신,
꺾이지 않는 의지로 일제와 맞서다
함영연글 | 홍지혜그림 | 96쪽 | 12,000원
한국학교사서협회 추천도서

26 나만 없는 우리나라
나라를 버린 게 아니라 선택하는 사람, 난민
곽지현·최민혜·유미글 | 김연정그림 | 169쪽 | 12,000원
소년한국일보 표지디자인 특별상 / 한국학교사서협회 추천도서

27 가만두지 않을 거야!
"잡히면 죽여 버린다고!" 왜 부루이는 자꾸만 화가 날까?
윤일호 글 | 정지윤 그림 | 141쪽 | 12,000원
한국학교사서협회 추천도서

28 양심을 팔아요
양심이 있어야 사람다운 사람이지
신은영 글 | 조히 그림 | 108쪽 | 12,000원
한국학교사서협회 추천도서

29 돌고래 라라를 부탁해
돌고래 라라와 미지의 교감 속에서 드러나는 돌고래의 진실
유지영 글 | 한수언 그림 | 136쪽 | 12,000원
한국글짓기지도회 추천도서

30 내 동생들 어때?
우리는 진짜 동물들의 생명을 소중하게 여기고 있을까?
정진 글 | 최현지 그림 | 140쪽 | 12,000원
한국글짓기지도회 추천도서
책씨앗 좋은책고르기 초등교과연계 추천도서

31 악플 숲을 탈출하라!
악플러, 익명의 인터넷 공간에 숨어
다른 사람을 괴롭히는 괴물, 나는 자유로울까?
신은영 글 | 김연정 그림 | 112쪽 | 12,000원
한국학교사서협회 추천도서 / 소년한국 우수 어린이 도서
행복한 아침독서 추천도서 / 읽어주기 좋은 책 선정도서
한국글짓기지도회 추천도서
2025년 초등교과서 국어 3학년 2학기 수록.

32 일본군'위안부' 하늘 나비 할머니
전쟁 없는 평화로운 우리의 미래를 함께 만들어요!
함영연 글 | 장경혜 그림 | 104쪽 | 12,000원
소년한국 우수어린이 도서 / 한국학교사서협회 추천도서
행복한 아침독서 추천도서
책씨앗 좋은책고르기 초등교과연계 추천도서

33 진짜 뉴스를 찾아라!
마대기와 이꽃비의 불꽃 튀는 뉴스 전쟁!
김경옥 글 | 주성희 그림 | 148쪽 | 12,000원
중소출판사 출판콘텐츠 선정도서 / 한국학교사서협회 추천도서
고래가 숨쉬는도서관 추천도서
책씨앗 좋은책고르기 초등교과연계 추천도서
방정환 문학상 수상도서 / 행복한 아침독서 추천도서

34 내가 글자 바보라고?
난독증인 종이접기 천재
공윤경 글 | 김연정 그림 | 149쪽 | 13,000원
한국학교사서협회 추천도서
책씨앗 좋은책고르기 초등교과연계 추천도서

35 표절이 취미
다른 사람의 창작물을 베끼려 한 탐희의 이야기
신은영 글 | 홍찬주 그림 | 108쪽 | 13,000원
한국학교사서협회 추천도서
책씨앗 좋은책고르기 초등교과연계 추천도서
소년한국 우수 어린이 도서 / 고래가 숨쉬는 도서관 추천도서
행복한 아침독서 추천도서 / 책씨앗 초등 교과연계 추천 도서

36 내 친구는 내가 고를래
난 내가 좋아하는 친구랑 놀고 싶어
신미애 글 | 임나운 그림 | 148쪽 | 14,000원
책씨앗초등교과연계 추천도서

37 상처사진기 '나혼네컷'
내 상처를 곰곰이 들여다보는 공간
박현아 글 | 김승혜 그림 | 112쪽 | 13,000원
소년한국 우수 어린이 도서 / 한국학교사서협회 추천도서
책씨앗 초등 교과연계 추천 도서

38 온라인 그루밍이 시작되었습니다
온라인 그루밍의 덫에 빠지기 쉬운 아이들에게
지금 우리가 들려주어야 할 이야기
신은영 글 | 손수정 그림 | 140쪽 | 14,000원
고래가 숨쉬는 도서관 추천도서 / 책씨앗 초등 교과 연계 추천도서
한국학교사서협회 추천도서

39 환경돌과 탄소 제로의 꿈을
많은 생명과 함께 평화롭게 사는 우리의 미래를 위해
우리가 할 수 있는 것은 무엇일까?
최진우 글 | 서미경 그림 | 132쪽 | 14,000원
읽어주기 좋은 책 선정도서 / 한국학교사서협회 추천도서

40 게임 체인저 : 기본소득
기후위기, 실업, 불평등, 성차별 문제를 고민하는 어린이들의
기본소득 대작전!
이선배 글 | 맹하나 그림 | 218쪽 | 15,000원

41 지구를 지키는 패셔니스타
패스트 패션을 막을 수 있는 방법은?
안선모 글 | 주성희 그림 | 124쪽 | 14,000원
고래가숨쉬는도서관 추천도서 / 한국학교사서협회 추천도서
한국출판문화진흥재단 청소년 교양도서 추천도서

42 나는 나대로 살 거야
서로 차별하지 않고 동등하게
박혜숙 글 | 안혜란 그림 | 124쪽 | 14,000원

43 무서운 집 재밌는 집 이상한 집
낯설고 신기한 존재들이 들려주는 집에 대한
의미 깊은 이야기 세 편!
강다민 글 | 곽지현 그림 | 144쪽 | 15,000원
한국학교사서협회 추천도서

44 단단한 미래
세상 모든 왕따에게 보내는 단단한 마음과 작은 해방감.
천둥 글 | 결 그림 | 140쪽 | 15,000원
한국학교사서협회 추천도서

45 언니는 비건
다름을 이해하며 세상을 품어 나가는 이야기
곽지현 글 | 손수정 그림 | 120쪽 | 15,000원

46 가짜 뉴스의 비극, 간토대학살
가짜 뉴스와 혐오의 시대, 간토대학살을 기억해야 하는 까닭
함영연 글 | 배중열 그림 | 132쪽 | 15,000원